働き方改革時代の

行政の業務改革戦略

職員減、働き方改革に対応した
AI、RPA、IoTなど進化するBPR！

小島卓弥

［編著］

学陽書房

はじめに

　本書は、政府・自治体等の行政機関における業務改善・業務改革・BPRについて、事例を中心に整理した書籍です。
　後段の章で詳述するように、「今更、業務改善？」と思われるかもしれませんが、行政機関においては、むしろ今こそ業務改善を行わないとこれから到来する人口減少（とそれに伴う労働力人口の減少）や働き方改革時代に対応できない組織となりかねないという強い危機意識から本書を執筆することにしました。
　本書では、上記「行政機関で業務改善・業務改革」が必要な理由、様々な行政機関での導入事例、そしてそれを検討するための方法論について、筆者をはじめ多くの実務家にご協力いただき整理しました。
　また、AIやRPA（Robotic Process Automation。詳細後述）等のIoT技術による業務改革や、テレワーク等による働き方改革等、新しい改革手法・ソリューションについても紹介しています。

　同じ業務・同じ課題を抱えていても、業務改革の方法は多種多様です。ただ、間違いなく言えるのはどんな課題でも必ず効率化する方法は存在します。本書がそれを考えるきっかけになれば幸いです。

2019年5月

小島卓弥

働き方改革時代の行政の業務改革戦略
目 次

序章 行政における業務改善の必要性 ... 13
1　政府や自治体は本当に業務改善を実施してきたのか？ ... 13
2　なぜ今、業務改善か？ ... 14
　（1）　労働人口の減少 ... 14
　（2）　働き方改革の一般化 ... 18
3　今こそ行政機関で業務改善を ... 20

第1編　BPR 実践例

第1章 政府内から見た BPR の意義 ... 24
1　今日、BPR が必要とされる背景 ... 25
　（1）　全世界的な技術革新への対応 ... 25
　（2）　人口減少社会への対応 ... 25
2　政府における BPR への支持・関心の広がり ... 26
　（1）　従来の行政改革と BPR とのアプローチの違い ... 26
　（2）　政府における近年の取組み ... 26
3　BPR のイメージ、実例 ... 30
　（1）　行政における BPR のイメージ ... 30
　（2）　実際の例 ... 32
4　BPR を成功に導くにはどうすればよいか ... 34
　（1）　BPR に取り組む目的と対象の設定 ... 34
　（2）　幹部と現場双方のコミット ... 36
　（3）　虚心坦懐・丹念な「事実」の把握 ... 36
　（4）　事実に基づき、それまでの慣習に縛られずに業務フローを再設計 ... 38
　（5）　推進環境・機運の醸成 ... 39

5　BPR の先に目指すものは何か……………………………………………40
　　（1）　技術革新の大波、人口減少社会に適応した組織のあり方…………40
　　（2）　BPR は、時代に応じた組織への変革に向けた鍵…………………41

第2章　経済産業省における BPR の取組み　42

1　経済産業省における BPR 実施の背景と目的………………………………42
2　BPR 実施の方向性及び対象…………………………………………………43
3　BPR 実施の流れ………………………………………………………………44
4　各業務における BPR の結果…………………………………………………46
5　把握された共通的な課題………………………………………………………46

第3章　アウトソーシングによる業務改革　54

1　足立区における業務改革………………………………………………………54
2　日本公共サービス研究会の活動………………………………………………55
3　戸籍等窓口業務の委託…………………………………………………………57
4　国保業務の委託…………………………………………………………………62
5　会計管理業務の委託……………………………………………………………67
6　進化する自治体を目指して……………………………………………………70

第4章　自治体の会計部門及び内部監査部門における業務改革等
──岩手県における取組み事例を基に　74

1　会計部門及び内部監査部門において
　　業務改革・業務改善が求められる背景………………………………………75
2　岩手県における業務改革等の取組み…………………………………………76
　　（1）　岩手県の会計部門及び内部監査部門を取り巻く状況………………76
　　（2）　会計部門における業務改革等…………………………………………77
　　（3）　内部監査部門における業務改革等……………………………………79
3　業務改革等に対する組織としての意識共有の重要性………………………83

第5章 サービス向上を起点とする業務改革
── 保育施設総合情報サイト"ナハノホイク" ……86

1. 那覇市の待機児童の状況……86
   - (1) 全国最悪水準の待機児童……86
   - (2) 「認可外保育園」も多い那覇市の保育……86
   - (3) 保育施設情報の提供状況……87
2. 保育施設総合情報サイト"ナハノホイク"……89
   - (1) 全国初の本格的保育施設の情報サイト……89
   - (2) ナハノホイクにおけるデータの収集方法……90
   - (3) ナハノホイクの主な機能……91
3. サービス向上を起点とする業務改革……91
   - (1) ナハノホイクへの反響……91
   - (2) 職員の業務への効果……93

第6章 宇部市における行財政改革及び業務改革の取組み ……94

1. 2009年以降の宇部市の行財政改革の取組み……94
2. 業務改善提案発表会……97
3. オープンデータを活用したアプリ開発の促進（アプリコンテスト）……99
4. 今後の取組み～新庁舎建設も踏まえた業務改革……102

第7章 自治体における業務改善とファシリティマネジメント ……104

1. 港区（東京都）の「フリーアドレスの執務環境の整備実証実験」……105
   - (1) フリーアドレスの考え方……105
   - (2) 実証実験に向けた取組みで期待される効果……106
   - (3) パイロットオフィスの整備……106
   - (4) 実証実験の結果と今後の展開……108

2　都城市における窓口レイアウト改善……………………………………109
　　（1）　窓口レイアウト改善のコンセプト…………………………………110
　　（2）　1階エントランスの改善……………………………………………110
　　（3）　窓口の改善……………………………………………………………111
　　（4）　レイアウト改善をきっかけにした業務改善………………………113
3　生産性の向上とFM視点の業務改善…………………………………115

第8章　地方創生におけるBPR
―山形県寒河江市のふるさと納税業務での取組み　　116

1　ふるさと納税制度について……………………………………………116
2　山形県寒河江市について………………………………………………117
3　寒河江市における「ふるさと納税」…………………………………118
4　業務改革…………………………………………………………………121
　　（1）　体制整備と業務量の増大……………………………………………121
　　（2）　増大する業務量への対応策…………………………………………123

第9章　学校給食費の公会計化
―組織・制度の変更を伴うBPR　　126

1　学校給食費の公会計化とは何か………………………………………126
2　なぜ学校給食費の公会計化が必要なのか～課題と期待される効果……126
3　どのように公会計化を進めるか………………………………………129
　　（1）　検討体制の整備………………………………………………………129
　　（2）　徴収・管理のあり方の検討・実施体制等の検討…………………130
　　（3）　移行準備………………………………………………………………133
　　column　ノウハウ継承も大事な業務改善～ナレッジマネジメントの必要性…136

第2編 これからのBPR

第10章 行政業務への人工知能技術の導入に向けて　140

1　AIとは　140
2　行政業務へのAI導入の現状　141
3　AI導入のパターン　146
4　行政業務へのAI導入に向けた考え方：①業務分析　147
5　行政業務へのAI導入に向けた考え方：②AI導入対象業務の選定　149
6　行政業務へのAI導入に向けた考え方：③AIソリューションの実現可能性の評価　150
7　行政業務へのAI導入における障壁と対応案　152

第11章 「RPA（ソフトウェア型ロボット）」によるオフィス業務自動化と導入のポイント　155

1　未来の働き方が現実となる「RPA」　155
2　RPAの定義　155
3　RPAによる業務自動化の動き　156
4　RPAを導入する目的や効果　158
5　ロボットと人間の労働者としての性質比較　159
6　RPAはどのように自動化を行うのか　160
7　RPAと従来型の技術・システムとの違い　161
8　RPAツールとは　162
9　RPA利用事例（民間企業）　163
　（1）電話会社で、新規回線の加入申請入力や設定を自動化した事例　164
　（2）エネルギー会社で、利用料金収納業務を自動化した事例　164
　（3）システム運用業務　164
10　RPA利用事例（行政）　165
　（1）新規事業所登録業務　165

	（2）	育児支援ヘルパー派遣業務································165
	（3）	申請書類や報告書類の自動入力··························165
11	RPA導入の基本方針は「新人を育てるように」···············167	
12	RPA導入・推進の体制····································168	
13	RPA導入・推進の手順····································168	
14	RPAの導入・推進における注意点·························171	
	（1）	RPAツールを使いこなせない·····························171
	（2）	業務担当者がRPAツールを使ってくれない、また取組みが浸透しない···································171
	（3）	自動化するような業務が見つからない·······················171
	（4）	導入後に野良化し、メンテナンスできなくなる·················172
	（5）	費用対効果が出ない··································172
15	価値観の転換を生むRPAと失敗しないためのポイント··········173	

第12章 働き方改革とテレワーク　175

1	働き方改革とテレワーク··································176	
	（1）	なぜ、テレワークが注目されているのか·····················176
	（2）	働き方改革の取組み状況································176
	（3）	テレワークの政策目標と普及状況·························177
2	府省連携で進むテレワーク施策····························179	
3	持続可能な個人・企業・社会を実現するシステム··············182	
4	テレワーク普及に向けた国民運動：テレワークデイズ（7月）、テレワーク月間（11月）··················184	
5	公務員の働き方改革を実効性のあるものに··················186	
	column　民生用のシステム（ソリューション）の活用のすすめ···········189	

第3編 今後の課題

第13章 電子申請100％の壁 　　　　　　　　　　　　　　　192

1　併用される電子申請と紙申請……………………………………………194
2　電子申請が有用な理由……………………………………………………194
3　紙申請が残ってしまう悪影響とその課題………………………………196
4　実際には紙で受け付けたい行政の気持ち………………………………198

第14章 外部委託の適正範囲 　　　　　　　　　　　　　　　200

1　行政機関における外部委託の難しさ〜規制との狭間で………………200
2　束ね方が難しい外部委託…………………………………………………201
　（1）市民ホールの包括委託………………………………………………201
　（2）市民課窓口業務の外部委託…………………………………………202
3　外部委託の問題を防ぐために……………………………………………204

第4編 BPRの進め方

第15章 BPR（業務改善）の進め方
―― 現状把握から実施方法まで　　　　206

1. BPRの進め方……………………………………………………207
2. 現状把握…………………………………………………………207
   - （1） 業務フローの作成…………………………………………207
   - （2） 活動基準原価計算（ABC）によるコストと業務量の把握…………211
   - （3） その他の現状把握………………………………………217
3. 業務改善…………………………………………………………219
   - （1） 業務改善の方法は多様…………………………………219
   - （2） 本事例の業務フローの場合……………………………220

序章

行政における
業務改善の必要性

株式会社 NTT データ経営研究所
小島　卓弥

1 政府や自治体は本当に業務改善を実施してきたのか？

　本書は政府・自治体をはじめとする行政機関における業務改善について、その必要性、政府・自治体等での事例、そして実際に業務改善を行う際の留意点をまとめたものである。

　「今更、業務改善？」と思われるかもしれない。実際、本書の企画を立ち上げた際に、担当の編集者からも同じ反応を示された。しかし、現場を確認すれば行政機関における業務改善は十分に行われてきたとは言えないことが分かるはずである。

　確かに、数十年以上にわたって我が国の行政機関は膨大な「行政改革」を実施してきた。シーリング予算で予算を編成し、定数にも抑制をかけ、民営化を行い、民間企業への委託の対象範囲を拡大し、IT 化も進めてきている。あまりに多くの「行政改革」を行ってきたので、「行革疲れ」を感じている職員も多いはずである。

　しかし、それらはあくまでも「行政改革」を行ってきたのであって「業務改善」を行ってきたとは言えないのではないか。「行政改革」によって、マクロでは予算や定数を削減、あるいは抑制できたかもしれない。しかし、予算や定数が削減されても業務の実施方法は従前のままということはないだろうか。

　より分かりやすい例で言えば、IT 化を行った際に IT 化の効果がより引き出せる業務改善を行っただろうか。不要な決裁や添付資料、押印を削減し、電子申請されたデータは、業務システムにシームレスに連携し、IT 化を行ったことできちんと効果を生み出すことができる業務改善が施されているだろうか。

　筆者がコンサルタントとして見てきたケースでは、電子申請は導入しているのに、申請データを別のシステムに連携させるために職員が手入力してい

たり、IT化以前と全く同じ業務の流れとなるようにシステムが構成され、実質的にはほとんど業務が効率化されていないどころか、システムにデータを入力するための決裁という意味不明の決裁を行っている例まであった。また、使い勝手の悪いシステムに嫌気が差し、せっかく導入したシステムがあるにもかかわらず、それを利用しないまま従前どおり紙での処理を行っている例も行政の現場において山ほど目にしてきた。

　このように、政府や自治体をはじめとする行政機関は、マクロベースでの改革である行政改革はこれまで実施してきたが、ミクロベースでの業務改善は十分に実施してこなかった、というのが行政機関の現場で長年業務改善を行っているコンサルタントとしての筆者の結論である。そして、それが故に改善できる、改善すべき業務は山積していると言える。

2 なぜ今、業務改善か？

　そして、その業務改善を今こそ改めて、そして新たに実施する必要があるとの想いから、本書を執筆するに至った。それには、「労働人口の減少」「働き方改革の一般化」そして「AIやRPA等のIoT関連の新技術の発展」の三つの要素がある。

（1）労働人口の減少

　まず、もっとも大きな要素は「労働人口の減少」である。これまで、行政機関は職員定数を削減する方向で調整してきた一方、それにより不足するマンパワーを非常勤職員と職員の残業で補填してきた。

　自治体を例にとると、一般行政部門の職員数は平成13年度以降、平成28年度までずっと減少傾向にあり、平成29年度でようやく若干の増加が見られたものの、昭和50年を100とした場合の一般管理部門で83.4％と20％近く減少してきたことが分かる（図表1）。

　一方で、臨時・非常勤職員については平成28年度時点で、平成24年度との比較で7.4％増の4.4万人増、特に一般職非常勤職員においては31.1％増と大幅増となっている（図表2）。また、残業時間も民間企業のそれを超過しており、特に本庁勤務の職員は政府・自治体とも200時間を超過していることが分かる（図表3）。

　このように、行政改革を積み上げてきたことで定数そのものは削減されて

図表1　自治体における一般行政部門の職員数の推移

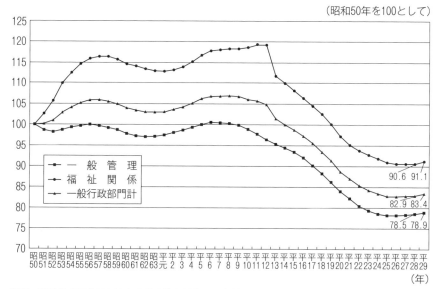

（昭和50年を100として）

凡例：一般管理、福祉関係、一般行政部門計

一般管理：90.6　91.1
一般行政部門計：82.9　83.4
福祉関係：78.5　78.9

出所：総務省『平成29年地方公共団体定員管理調査結果』（2018年3月）p.11

図表2　自治体における臨時・非常勤職員の総数

区分		計				(参考) 平成24年との比較	
			フルタイム	3/4超※4	3/4以下※5	増減数	増減割合
総数		643,131	202,764	205,118	235,249	44,154	7.4%
任用根拠別	特別職非常勤職員※1	215,800	18,495	93,870	103,435	▲10,804	▲4.8%
	一般職非常勤職員※2	167,033	31,599	66,542	68,892	39,643	31.1%
	臨時的任用職員※3	260,298	152,670	44,706	62,922	15,315	6.3%

※1　地方公務員法第3条第3項第3号に規定する臨時又は非常勤の顧問、参与、調査員、嘱託員若しくはこれらの者に準ずる者として任用されている者
※2　一般職として期限付任用されている者（一般的に地方公務員法第17条に基づく任用とされている者）
※3　地方公務員法第22条第2項又は第5項に基づき臨時的任用されている者
※4　1週間あたりの勤務時間が常勤職員の4分の3を超え、かつ、フルタイム未満の者
※5　1週間あたりの勤務時間が常勤職員の4分の3以下の者
※6　H24調査結果については、計上誤りを修正した数値を用いている。

出所：総務省『平成28年　地方公務員の臨時・非常勤職員に関する実態調査（概要）』（2017年3月）p.1

図表3　時間外勤務の時間数（平成27年度）

(1) 全体状況

		時間／月	時間／年	26年度比増減（%）
全体		13.2	158.4	0.1
	都道府県	12.5	150.0	▲0.2
	政令指定都市	14.5	174.0	0.3
	県庁所在市	13.3	159.6	0.4
本庁		18.3	219.6	0.2
	都道府県	18.6	223.2	▲0.1
	政令指定都市	19.5	234.0	0.0
	県庁所在市	16.5	198.0	0.6
出先機関等		9.9	118.8	▲0.1
	都道府県	8.8	105.6	▲0.3
	政令指定都市	12.0	144.0	0.5
	県庁所在市	9.8	117.6	▲0.1

（参考）国家公務員233時間（平成27年・年間。本府省363時間、それ以外206時間）
民間労働者154時間（所定外労働時間。平成27年・年間30人以上事業所）

出所：総務省『平成29年　地方公務員の時間外勤務に関する実態調査結果（概要）』（2017年3月）p.1

きたものの、非常勤職員の絶対数は増加し、また残業時間も本庁勤務者を中心に高止まりしており、これによって定数減を補填してきたと言える。

もちろん、規制緩和により行政機関の業務の外部委託の範囲は増え、またIT化等による業務改善効果も多少はあり、全く改善が進まなかったわけではない。しかし、既述のとおり、行政機関における業務改善は十分に進んでいるとは言えず、IT化の恩恵に十分浴するような業務の見直しも十分に行ってきてはいない。また、行政機関の業務量は予算と定数が抑制されても減ってはいない。なぜなら、政府も自治体も所管している政策・施策・事務事業の数が減ってはいないからである。

NPMが導入され、行政機関でも「選択と集中」が求められている。しかし、行政機関で「選択と集中」を行うことは非常に難しい。例えば「結核予防事業」という事業がある。今から70～80年前は結核が不治の病であり我が国の死亡理由の1位になったことすらあるが、現在では抗生物質の登場や予防接種等により大幅に死亡率を引き下げることに成功した。しかしながら、

現在でも結核に感染する方は一定数存在し、毎年のように病院や高齢者介護施設等で集団感染も発生している。そして、結核に感染すると抗生物質で治療はできるものの長期の入院を余儀なくされたり、体力の弱い高齢者などでは死に至ることがある等、現在でも十分に怖い感染症であり続けている。

民間企業であれば、「結核予防事業」のようにニーズが低下した事業は切り捨て、新しく、よりニーズが高い事業にシフトすることができる。しかし、行政機関では結核に感染する方が存在し、それにより少なからぬ社会的なロスが生じる以上、「結核予防事業」を縮小することはできても、完全に廃止することはできない。その一方で、新型インフルエンザやデング熱等、新たな感染症が登場すれば、それに対する対策も講じていく必要がある。そしてこれは、部門は違えども行政機関全体で共通的に有する病理ということができる。

このように、行政機関が抱える仕事の量は増加する一方にもかかわらず、職員定数を減らし続けているわけで、それを補填するために非常勤職員を増やすのと正規職員の残業で乗り切るしかない。

しかし、それも難しくなってきている。まず、我が国の労働人口は少子高齢化の影響から年々低下の一途をたどっており、特に2018年までは急激に労働人口が減少すると予想されている。もちろんここ数年、定年の延長等、60歳以上の方でも働き続けられる環境整備は進みつつあるが、完全に労働人口の減少を補う水準には達していない。

2018年12月の臨時国会で成立した出入国管理法改正により、これまでより外国人労働力が拡充される可能性はあるが、効果は未知数で、そもそも日本国籍を有しない者を一部例外を除いて原則として公務員としては雇用できないため、行政機関においては間接的な効果を期待するしかない。

実際問題として本書が出版された2019年現在、我が国の有効求人倍率は1を大きく上回り、民間企業では既に人手不足や採用困難が顕在化しつつある。そのため、民間企業においてもこれまでパートや派遣等非正規雇用の形で雇用してきた労働者を正規雇用に変更する動きが加速している。正規雇用になることで、安定的に雇用が維持されたり、社会保障が拡充したりする等大きなメリットがあり、今後もそちらに労働力が流れていくことが予想される。また、民間企業では外国籍の方を雇用することができるが、現行法制上、我が国の行政機関（公務員）はそれを行うことすらできない。

一方で、行政機関における非常勤職員はそのほとんどが決して給与が高いとは言えず、社会保障の面でも充実しているとは言えない。「官製ワーキングプア」とも呼ばれる所以である。

　民間企業では、2013年4月の改正労働契約法の施行により、非常勤社員のまま5年以上雇用した雇用者の希望があった場合、正規職員として雇用することが義務付けられた。これを受け民間企業では労働力不足の解消、端的に言えば労働者に選ばれる企業を目指して正規社員としての雇用を増やし、雇用条件を改善してきている。

　かたや自治体では、なし崩し的に長期雇用されてきた非常勤職員の状況を見直すため、2017年に地方公務員法と地方自治法が改正され、1年度単位で雇用される会計年度任用職員制度が新たに導入され、更新についても手続きなく「更新」されたり、長期にわたって継続して勤務できるといった誤解を招かないようにすることが各自治体に求められることとなった。一方で、民間企業のように非常勤職員を正規職員にするには制度的にも、定数管理の視点からもハードルが高く、民間企業と比べて相対的に非常勤職員の雇用条件が悪化している状況下において、これまでのように行政機関が非常勤職員でマンパワーの不足を補い続けることが難しくなる時代を迎えている。

(2) 働き方改革の一般化

　もう一つの要素である「働き方改革」により、正規職員の残業の増加による業務量増への対応も難しくなりつつある。「働き方改革」は労働者の働きやすい環境を整備すると共に、その大前提として残業も減らしていくことが期待される。従来（そしてある意味では現在も）は、政府や自治体においては長時間の残業はある程度やむを得ないという風土が根強くあった。

　しかし、既述のとおり労働者人口の減少に伴う人材獲得合戦の最中で長時間労働を前提とする公務員への志望者が激減する可能性がある。特に近年の新卒社員が就職する企業等に重視するポイントとしてプライベートの時間が確保できることが挙げられる等、就職する若者の希望も大きく変わりつつある。

　平成30年版の「子供・若者白書」では、16歳から29歳の男女（有効回答数10,000件）に対して、仕事と家庭・プライベート（私生活）とのバランスについて調査を行っており、仕事よりも家庭・プライベートを優先するとした回答が63.7%に達している。これは平成23年度の調査に比べ10.8%も増加し

図表4　仕事と家庭・プライベート（私生活）とのバランス

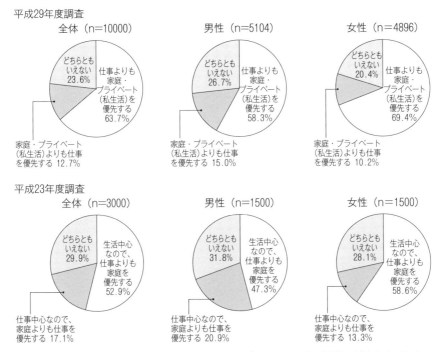

（注）平成29年度調査：「あなたは、仕事と家庭・プライベート（私生活）のどちらを大切にしたいですか」との問いに対する回答。
　　　平成23年度調査：「あなたは、仕事と家庭のどちらを大切にしたいですか。また、その関係についてどう考えていますか。」との問いに対する回答。
出所：内閣府『平成30年版　子供・若者白書（概要版）』（2018年6月）p.7

ており、今後もこの傾向が一層増加していくことが予想される。

　いかなる政府・自治体においても、それから逃れることはできない。すなわち、雇用者が働きやすい環境を整備しなければ、その会社、そして行政機関は働き先として選ばれないということになる。

　したがって、これらの観点から、増え続ける行政へのニーズをこなしつつ、非常勤職員の増や正規職員の残業増に頼らない体制を構築するという難題をこれからの行政機関は解決していく必要がある。そして、だからこそ現在実施している業務のあり方を改善し、より効率的に業務を行うことができる体制を構築することが求められているのである。

　とかく公務員は人気の職種であり上記のような問題意識は絵空事だと思わ

れる読者もいるかもしれない。しかし、政府・自治体の職員と話をしていると、既に定数の圧縮による限界が生じており、現場の疲弊感が強まっているという認識を耳にすることが増えている。

　実際に、行政の現場では、決して少なくない公務員が30歳前後で行政機関を辞めるケースが増えていると耳にする。それも、行政機関の中で将来を嘱望されるような職員があっさりと辞めていくことすらあるようだ。

　実際に、筆者が所属するコンサルティング業界でも公務員の方の転職希望は増えている実感がある。このように、行政機関においても大きな労働市場の競争の中に置かれていることを再認識し、労働者たる公務員が働きやすい環境を構築し、選んでもらえる職種に転換を果たす必要がある。

　そして、最後に「AIやRPA等の新技術の発展」である。既に、民間企業ではこれらの新技術を活用し、業務の効率化や高度化を図る例が増えつつあり、政府や自治体においてもその活用に向けた提言や検討が行われている（本書でも後半で事例を紹介）。

　一方で、行政機関においてはAIやRPA等の新技術を導入する以前の状況にあり、これらを導入するためには、まず業務改革を行う必要があるのではないかと筆者は考えている。例えば、AIにディープラーニングをさせてそれに基づき業務の手助けをさせようにも、行政機関に所蔵されている情報は今もって紙によるものが大きなウェイトを占めている。

　各種申請の紙申請比率はいまだに高く、内部での処理も電子決裁などがきちんと活用されているのは恐ろしく少ないのが現状である。当然、保存されている審査や決裁情報も紙で収蔵されている。AIは紙を読まない（最近はOCR等の自動読み取り機の読み込み精度が向上しているが）。このような状況ではAIに勉強させるデータが存在しないわけで、それを導入しても宝の持ち腐れになりかねないというのが現状だ。

　後段で紹介するように、AIやRPA等は業務を大きく効率化させるツールになり得るものだと筆者も考えている。しかし、この力をきちんと活用するためには、それに対応した業務改善を実施していくことが必要となる。

3 今こそ行政機関で業務改善を

　以上のような状況を踏まえると、今こそ行政機関で業務改善を行う必要が

あるということをご理解いただけるだろうか。本当は、もっと早いタイミングで業務改善を十分に実施する必要があったと筆者は考えている。なぜなら、現在の行政機関が抱えている業務の非効率な要素は、筆者が2005年頃に自治体等で実施してきた現状分析の結果とさほど変わらない状況を示しており、必要な業務改善要素もさほど変わらないからだ。

　恐らくは、2000年前後に訪れたIT革命のタイミングで、行政機関はもっと「システムに即した形」で業務改善を実施するべきだった。しかし、実際には「システムに既存の業務のやり方を合わせさせ」、しかも各行政単位でオーダーメイド的に導入したことで、非効率な業務のやり方をそのまま残してしまった。一度システム化してしまえば、そのやり方を見直すことはシステムを入れ替えるタイミングまでは難しくなってしまい、これが現在まで引き継がれている。

　また、せっかく導入したシステムも「使い勝手が悪い」ということで十分に活用されていないケースも少なくない。10年前の基準で作られたシステムは既に処理能力が十分とは言えず、また添付資料の添付容量が少ないために実際の申請の処理に活用できない等、現代での使用に耐えられないものも実際に存在している。

　これらを入れ替える際に、上記のようなシステムのスペックに起因する問題を解消するだけでなく、今度こそ業務のあり方についてもシステムを活用することでより効率的に業務が実施できる形に業務改善をすることが必要である。これを実現することで、本当の意味でシステムを導入したことによる業務改善効果を享受することができるようになる。

　このように、これから本書で推奨する業務改善の多くは、もっと早いタイミングで実施すべきだった業務改善を今こそ実施しようというものだ。そして、このタイミングを逃せば、行政機関こそが「ブラック産業」になってしまい、新卒者に選ばれない業種になりかねないことを意識すべきである。そして、何より行政機関の中で働いている公務員こそが過重な労働に苦しむことを肝に銘じるべきである。なぜなら、行政ニーズは常に増大する一方で、予算は増えず、定数抑制で職員は増えないからだ。

　しかし、悪いことばかりではない。幸いなことに、この間も業務改善の努力を続けてきた民間企業では様々な業務改善手法が編み出され、行政機関に

もフィードバックされている。例えば、ファシリティマネジメントという什器やレイアウトを見直すことで、業務の効率性や職場環境の向上を図る改善手法（ソリューション）がある。筆者が2012年に『公共施設が劇的に変わるファシリティマネジメント』（学陽書房）という書籍を出版した際にはその概念すら行政機関ではよく知られていなかった。

　しかし、その代表的な手法のフリーアドレスは、現在政府や自治体でも導入されるケースが増えている。既述のAIやRPA等、新しいIT手法等、行政機関での業務を改善することができるソリューションはどんどん産み出されている。システムやハードの性能はこの20年で大幅に向上し、コストも相対的に下がっている。クラウドで提供するシステムを上手に使えば、システム導入コストを更に下げることも期待できる。

　本書では、これらの行政機関における業務改革について事例を中心に紹介していく。これらを読むことで、実際に行政機関において様々な形の業務改善が実践され、実際に業務の見直しが行われていることが理解できるかと思う。また、既に何度も登場しているAIやRPA、働き方改革の文脈からテレワーク等、これからの行政機関において必要とされる業務改革・業務改善の考え方についても紹介していく。

　本書を読むに当たり1点だけご留意いただきたいのは、「AIやRPAみたいなものすごいことは自分達にはできない」と敷居の高さに驚いたり、逆に「表計算ソフトで簡単にできる業務改善なら自分達でもやっている」とあきれたり、というのはやめていただきたいということである。

　業務改善は全く同じ課題であっても、多くの解決策が存在する。お金をかけて大規模な電子申請システムを導入して大規模に業務改善を行うパターンもあれば、申請様式をExcelにして申請ミスをチェックする機能をつけるような小さな業務改善もある。

　これは、対象とする業務の規模感やかけられる予算等の制約条件で大きく変わるもので、どちらが良いとか悪いとか言うものではない。業務改善を行う行政機関においてできる範囲できちんと業務改善を行い、改善効果を出すことが正解と言える。

第1編
BPR 実践例

第1章 政府内から見た BPR の意義

総務省行政管理局
柴沼　雄一朗

■ はじめに

　国民、利用者に行政が実現すべき価値は何か、国民・利用者が本当は何を求めているのか、から発想し、行政サービスが国民・利用者に届くまでのプロセス全体を作り変える取組みとして、BPR（ビジネス・プロセス・リエンジニアリング）が注目されている。

　BPR は、元々、マイケル・ハマー＆ジェイムズ・チャンピー『リエンジニアリング革命』[1]（1993）において提唱され、広まった経営理論の用語である。同書では、パフォーマンスの基準を劇的に改善するためにビジネス・プロセスを根本的に考え直し、抜本的にデザインし直すことを指すとされている。25年以上も前に提唱された概念ということになるが、顧客に提供する価値から出発して、その価値を生み出すプロセス全体をデザインし直すという発想には、汎用的な価値がある。後述する社会環境の大きな変化の中、時々刻々変化するグローバルな市場で俊敏に顧客価値を模索し実現していくことが求められる民間企業にとっては、生き残りの鍵として従前にも増して重要となっている。

　民間企業に比して、行政においては、市場メカニズムを通じたフィードバックが働きにくいという違いはあるが、顧客（行政の場合は行政サービスの利用者や、付随的効果を含め受益者となる国民）に提供する価値に照らし、常に最適の業務プロセスと組織を実現していくにはどうすればよいか、という課題は共通である。こうした変革の取組みは容易ではないが、急速に進展する技術革新や少子高齢化に対応していく上で、行政機関としても不可欠の課題として取り組んでいくことが求められている。

---

[1] マイケル・ハマー著、ジェイムズ・チャンピー著、野中郁次郎監訳『リエンジニアリング革命－企業を根本から変える業務革新－』日本経済新聞社、1993年

1 今日、BPRが必要とされる背景

（1）全世界的な技術革新への対応

　現在、我が国のみならず世界的な動きとして、データ流通量の爆発的拡大、膨大なデータを解析する人工知能（AI）技術の進展等を背景に、第4次産業革命とも言われる技術革新の大波、社会の大きな変化に直面している。

　あらゆる活動がネットにつながり、デジタルに（電子媒体で）把握、分析、処理できる社会においては、企画・生産・流通・消費から社会課題の解決に至るまであらゆる領域で、蓄積されたデータの解析により機械が最適解の発見・調整に威力を発揮し、従来のホワイトカラーの業務は機械に代替されていくこととなる。

　あらゆる職域で、顧客（行政であれば利用者、国民）との関係を含め、仕事の仕方が大きく変わっていく中で、行政もまた、技術革新の進展に応じた社会変化に適応し、ICTを最大限活用しつつ仕事の中身を見直し、社会全体の生産性向上に貢献することが不可欠である。

（2）人口減少社会への対応

　第4次産業革命とも言われる変化は世界的なものだが、我が国においては、それに加え、生産年齢人口の急減を伴う人口減少社会への対応が迫られている。団塊ジュニア世代（1971～1974年生まれ、出生数約200～209万人）が65歳を超える2040年に20歳代前半の人口はその半分に満たない（2040年に23歳となる2017年の出生数は約95万人）[2]。総務省の自治体戦略2040構想研究会は、経営資源が大きく制約されることを前提に、従来の半分の職員でも自治体が本来担うべき機能を発揮できる仕組みが必要と指摘している[3]。人員構成の山が40代、50代にシフトしている[4]国家公務員においては無論のこと[5]、多く

2　厚生労働省「平成29年（2017）人口動態統計（確定数）概況」
3　総務省「自治体戦略2040構想研究会第二次報告」（2018年7月）
4　人事院「平成27年度版公務員白書」
5　ただし、20年後に半分の人員で業務を遂行できるよう人減らしを進める、と受け止めては危うい。特に国家公務員の場合、省庁再編以降、約84万人から約30万人へと大幅なスリム化が進む一方で、現場での人手を要する新たな課題（例：外国人観光客急増、在留資格管理、領海警備の強化、国土管理、激甚災害対応、インフラ老朽化、働き方改革に資する労働基準監督強化等）への対応も求められており、単純な人員削減の余地は限られる。仕事を削減する取組みが不可欠となるが、そうした取組みは後述のように当該組織の幹部、現場双方の意欲がなければ難しい。仕事を減らして人の業務を高度化するアプローチを先行させ、余力を生み出すことで、（自ずと進んでいく）確保し得る労働力の減少に対応する、という順序で取り組むことが適当である。

の職場で労働力、特に若い世代の労働力は希少なものとなる。貴重な労働力を人の判断が不可欠な業務へと集中させていくことが不可欠である。

2 政府におけるBPRへの支持・関心の広がり

（1）従来の行政改革とBPRとのアプローチの違い

　求められている価値から出発して仕事自体を改革すべき、と一般論で言ってしまえば、組織の営みとして日々当然に取り組むべきこと、と受け止められるだろう。実際、「簡素で効率的な政府の実現」は行政改革における代表的な目標であり、これまでも、一般論としての仕事自体の改革は常に求められてきた。

　しかし、一般論として各行政機関に仕事の改善を呼びかけることはできても、最適な仕事の仕方は業務を熟知する当該行政機関でなければ十分に分からない（さらに言えば、当該行政機関自身も分かっているとは限らない）。外部からも明らかに非効率や無駄が分かる業務は廃止・縮減の対象となるが、指摘に応じた改善を繰り返す中で、こうしたケースは少なくなっていく。そこで、従来の典型的な行政改革においては、投入リソースを絞ることで求められる成果の実現に向けた各行政機関の努力を促すか、機構・定員面の改革、システム化、アウトソーシング、情報公開、競争入札の徹底、評価制度の整備（政策評価、行政事業レビュー）などの改革ツールの導入を促すことが主な内容となりがちであった。民間企業で言えば、リストラや各種経営ツール導入により経営改善を図ろうとする経営者のようなものである。

　これに対し、BPRは、求められる成果を問い直した上で、成果を挙げる仕事の仕方、即ち当該行政機関のパフォーマンスを直接捉えて改善していくアプローチと言える。民間企業で言えば、リストラが一巡し、各事業部のビジネスモデルを改革して経営改善を図ろうとする経営者のようなものである。

　でき上がっているビジネスモデルの改革に取り組む民間企業の苦労を思い浮かべれば容易に想像できるように、行政機関にとって、永年の経験の積み重ねで形成された業務プロセスの組み替えに踏み込むことは、5で後述するように容易ではない。この難しさを直視し腰を据えた取組みが必要となる。

（2）政府における近年の取組み

　（1）で述べたような難しさがあるためか、BPRのように、利用者、国民

に提供する価値から出発して、その価値を生み出すプロセス全体をデザインし直すというアプローチに注目し、かつ、そうしたアプローチの特性や難しさに応じた取組みに焦点が当てられるようになったのは比較的最近のことと言える。

業務のプロセスを全体として捉え、システムと一体で改革する、という発想自体は、電子政府の推進に向けた取組みにおいては比較的早い時期から見られ[6]、「IT基本戦略」（2000年11月27日IT戦略会議決定）においては、行政の既存業務をそのままオンライン化するのではなく業務改革が必要である旨指摘されている。また、電子政府実現に向けた具体的な取組みを定めた「電子政府構築計画」（2003年7月17日各府省情報化統括責任者（CIO）連絡会議決定）では、「IT化に対応した業務改革」として、「業務・システムの最適化」等を進めることとされ、その後、87分野で業務・システム最適化に向けた取組みが定められている。

他方、これらの方針に基づく取組みにおいて、業務プロセス全体を捉えた見直しに踏み込めているかというと、必ずしも十分とは言えない。「システム」の整備や改善に目が向きがちで、システムの整備・改善に先立つ業務改革の徹底は不十分だった[7]。

この点を反省し、「世界最先端IT国家創造宣言」（2013年6月14日閣議決定）においては、「従来の戦略は、IT利活用を強調しつつも、IT化・IT活用という名目だけで、利用者ニーズを十分把握せず、組織を超えた業務改革

---

[6] IT革命の推進が政府の戦略課題として位置付けられ、内閣に「情報通信技術（IT）戦略本部」が設置された2000年11月に策定された「IT基本戦略」（2000年11月27日IT戦略会議決定）、2000年に制定された高度情報通信ネットワーク社会形成基本法（IT基本法）に基づき2001年に策定された「e-Japan戦略」（2001年1月22日高度情報通信ネットワーク社会推進戦略本部（IT戦略本部）決定）においては、いずれも、「行政の既存業務をそのままオンライン化するのではなく、IT化に向けた中長期にわたる計画的投資を行うとともに、業務改革、省庁横断的な類似業務・事業の整理及び制度・法令の見直し等を実施し、行政の簡素化・効率化、国民・事業者の負担の軽減を実現することが必要」である旨が盛り込まれている。

[7] IT基本戦略に基づく行政のオンライン化においては、行政手続等における情報通信の技術の利用に関する法律制定（2002年）を踏まえ、ほぼすべての国の行政手続についてオンライン申請が可能になるようなシステム整備が実施されたが、年間利用件数0件のいわゆる「ゼロ件手続」（例：原子炉の譲受け等の許可申請、石油パイプライン事業の許可申請等）を含め一律オンライン化を図ったことに加え、使い勝手が悪く（例：添付書類があるためオンラインで完結しない等）オンライン利用率は停滞した（2003年度のオンライン利用率（全体）は11%）。このため「オンライン利用拡大行動計画」（2008年9月12日IT戦略本部決定）に見直しが盛り込まれ、件数が多い等の71手続において重点的にオンライン化及び利用促進を図っていくこととされた。その後、「ゼロ件手続」を中心に、1万を超える手続のオンライン利用が停止されている。

（BPR）を行わなかったことで、ITの利便性や効率性が発揮できないものとなった」との見解を明らかにした上で、新たな戦略を強力・着実に推進するため、政府CIOが司令塔機能を発揮していくこと[8]等を定めている。

上記閣議決定に基づき、政府CIOによる司令塔機能の下、来所・紙を前提としたものからオンライン・デジタルを前提とした業務体系への刷新が求められるハローワーク、年金、国税、登記、法人設立等関係の業務、全省導入による間接事務省力化が求められる人事・給与、旅費等の府省共通システムに係る業務等について[9]、単なるIT化ではなく、業務改革（BPR）を前提とし、利用者にとっての価値や便益を創出することを念頭に置いた取組みが進められてきた。

また、この間、総務省においては、「国の行政機関の機構・定員管理に関する方針」（2014年7月25日閣議決定）に基づき、各府省の業務改革の取組みを推進する方針として策定する「国の行政の業務改革に関する取組方針」（2014年7月25日総務大臣決定）について、2015年7月の改定で、各府省が取り組む業務改革について「『業務プロセスの再構築（BPR）』の発想や姿勢をいかした取組とする」旨を盛り込み[10]、更に2016年8月の改定で、今後は特にBPRの取組みに重点化して、各府省における業務改革の取組みの推進を図る旨を定めている。

2016年12月には、官民データ活用推進基本法が議員立法で成立、施行された[11]。同法に定められた政府の基本計画として2017年5月30日に官民データ活用推進基本計画が閣議決定されるとともに、同計画に基づいて、同日、IT総合戦略本部で「デジタル・ガバメント推進方針」が決定された。同方

---

[8] 政府CIOは2012年8月、内閣官房に非常勤の官職として設置され、2013年5月に公布・施行された内閣法改正により、内閣官房副長官に次ぐ位置付け（各府省事務次官より上）で常勤・専任の法律職である内閣情報通信政策監（政府CIO）となった。初代内閣情報通信政策監には非常勤の官職であった時期から引き続いて元リコージャパン株式会社代表取締役会長の遠藤紘一氏が任命されている。

[9] eガバメント閣僚会議 国・地方IT化BPR推進チーム第一次報告書（2015年6月29日）、第二次報告書（2016年4月28日）において、「国の業務改革・IT化の推進」としてこれらの事項が挙げられている。

[10] 2015年7月の改定に先立ち、総務省では、2014年11月から行政イノベーション研究会を開催し、2015年4月の第一次報告書において、「行政BPRの発想」として、業務プロセスの分析による課題発見と改善策立案を推奨している。

[11] なお、同法第15条は、国及び地方公共団体は、官民データ活用に資するため、相互に連携して、業務の見直しその他の必要な措置を講ずるものとする旨を規定している。

針においては、「サービスデザイン思考に基づく業務改革（BPR）」を推進していくこととされるとともに、行政サービス改革を推進するため、内閣官房及び総務省を中心として、分野横断の改革を推進するチームを整備し、個別取組への支援、試行的な取組みの推進や各取組みから得られたノウハウの横展開等を行うこととされた。

同方針に基づき、2018年1月に「デジタル・ガバメント実行計画」がeガバメント閣僚会議にて決定された。同計画では、前年に実施された行政手続等の棚卸しを踏まえ、特にニーズが高いと判断される重要分野について[12]、サービス改革を推進することとしており、具体的には、横断的な取組みとしてワンストップサービスを推進する3分野（引越し、介護、死亡・相続）に加え、個別の重要分野として15分野が挙げられている。これらのプロジェクト等については、政府CIOの指揮の下、内閣官房及び総務省を中心としたサービス改革支援チームが、各府省によるサービスデザイン思考に基づく業務改革（BPR）等を支援することとされている[13]。2018年6月には、各府省等22機関が上記計画に基づき、サービス改革の方針、工程表等を含む中長期計画を策定している（図表1－1）。

---

[12] 同計画は、主要なライフイベントに関する手続きを含むもの、各種添付書類を多く求めている手続きを含むもの、手続件数が多く、国民企業等への影響が大きいもの、との観点から選定したとしている。

[13] なお、同実行計画においては、業務改革（BPR）の実施に関し、
- サービスのフロント部分及びバックオフィスの業務の双方を対象に、利用者から見たエンドツーエンドで事実を詳細に把握
- 利用者のニーズ、利用状況及び現場の業務を詳細に把握・分析した上で、あるべきプロセスを制度・体制・手法を含めて一から検討
- 利便性の高い行政サービス及び業務の効率化を実現する上で最も障害になるのが、ユーザー視点の欠如、現状を改変不能なものと考える姿勢、慣習への無意識な追従などの「意識の壁」であり、業務改革（BPR）徹底の過程で一から制度等を見直す中で、これを取り払っていくことが最も重要
- 単純に思えた問題事象の裏には日常意識しない様々な原因・問題が隠れており、表面的な現象に目を奪われ、その部分だけを修復しようとすると、問題の根が残ったままで再発するおそれがある。事実を一つひとつ丁寧に把握して問題の真因をつかむことで、本当に必要な対策を講じることができるのであり、既存のルール・仕事のやり方に囚われずに、解決策を組み立て、業務フローを再設計する

等の留意事項が指摘されている。

図表1-1　各府省デジタル・ガバメント中長期計画の全体像

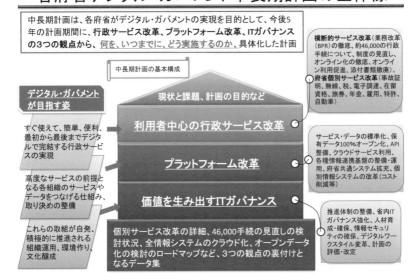

出所：2018年7月20日第2回デジタル・ガバメント閣僚会議資料2より抜粋（首相官邸ホームページ）

3 BPRのイメージ、実例

(1) 行政におけるBPRのイメージ

　実際に行政で行うBPRの比較的シンプルなケースとしては、図表1-2のようなものが考えられる。図表1-2（上段）が示すように、申請を24時間受け付けるオンライン化を導入したとしても、その後の決裁の仕方等の処理プロセス全体を見直さなければ合理化や利便性向上にはつながらない。図表1-2（下段）のように、申請後の処理の仕方を標準化し、それに応じた入力インターフェイスを設計（入力エラーを最小化するよう、入力支援システムやFAQも整備）、利用者が入力したデータを審査・補正処理、決裁、許可証交付まで一貫して活用することで、申請処理に係る業務を最大限機械化していくこととなる。

　当然のことと感じるかもしれないが、目指す姿を実現するためには、

・当該申請に係る様々な例外ケースを整理、判断基準を明確化・標準化

図表1-2

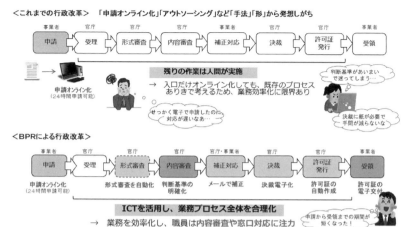

出所：総務省ホームページより抜粋

（全国の窓口における運用実態を調査し、微妙に判断が分かれているケースがあれば処理方針を標準化）
・利用者の入力に当たって迷いやすい点を分析、入力支援システムやFAQにより利用者のエラーを最小化
・形式審査で修正等している点を分析、補正や申請者への通知を自動化するシステムに反映
・許可証を紙から電子交付に改める場合に、従前に劣らない公的な証明力を確保
・添付書類がある場合に、当該書類を提出させていた目的、機能を分析し、添付省略や様式簡素化を検討、その上でオンライン化
・ITリテラシーの乏しい申請者へのフォロー
・必要な場合、法令上の措置を実施

等々の課題を一つひとつ解決していくことが必要となる。こうした課題を前にすると、往々にして図表1-2の上段に示したような申請受付の24時間オンライン受付のみを実現して形の上でオンライン化をアピールするといった安易な成果を追い求めがちとなるが、時間はかかってもプロセス全体を見直し、利用者と行政の双方にとって最適の結果を追求しなければならない。

（2）実際の例

　政府において実際に取り組まれたBPRの事例のうち、比較的経緯が明らかにされているものとして、国家公務員の旅費業務の効率化に向けた取組みが挙げられる。

　同業務については、電子政府構築計画（2003年）で構想が示されてから10年以上を経た2014年9月に、各府省横断的に関連業務を処理する「旅費等内部管理業務共通システム（SEABIS）」として本格稼動したが[14]、支給遅延、煩雑な事務、職員の立替払負担等の問題が発生し、システム投資が所期の成果を挙げることができていなかった[15]。

　こうした中、2016年2月、内閣官房副長官を議長、内閣官房副長官補（内政担当）及び内閣情報通信政策監（政府CIO）を副議長とし、各府省事務次官等で構成された「旅費・会計等業務効率化推進会議」が立ち上げられ、遠藤政府CIOの指導の下、内閣官房行政改革推進事務局にて集中的に改善に向けた検討が進められた。処理日数が長くかかった案件を中心に関係者に「何がネックだったか」ヒアリングするなど、具体的な業務実態に則しながら業務プロセス全体を詳細に分析した上で、「旅費業務の効率化に向けた改善計画」（2016年7月29日旅費・会計等業務等効率化推進会議決定）として改善計画が取りまとめられている。

14　同業務は、旅費を含む各府省共通の官房業務の効率化を図ることを目的に、「電子政府構築計画」（2003年7月17日各府省情報化統括責任者（CIO）連絡会議決定）、「物品調達、物品管理、謝金・諸手当、補助金及び旅費の各業務・システム最適化計画」（2004年9月15日同会議決定）に基づき、経済産業省を中心にシステムの設計・開発が進められた。当初は2009年からのシステム運用開始が予定されていたが、業務改革（BPR）が不十分だったため、2006年度にシステム開発経費が予定の約8倍（400億円）に膨れ上がることが判明（高度情報通信ネットワーク社会推進戦略本部第5回電子行政に関するタスクフォース（2010年12月1日）経済産業省提出資料）。このため、関係府省局長級からなる抜本的業務効率化検討チームによる業務改革のポイントとりまとめ（2008年5月）、内閣官房主導で全省庁・民間企業が参画した業務改革と業務標準化・統一化の検討（2008年6月～）、「旅費業務に関する標準マニュアル」策定（2008年11月）、同改定（2010年、2012年）、「旅費業務等の抜本的効率化について」（2010年8月各府省CIO連絡会議申合せ）等による見直しを経て、2014年9月に本格稼動開始に至っている（参照：上掲資料及び「旅費業務の効率化に向けた改善計画」（2016年7月29日旅費・会計等業務効率化推進会議決定）別紙1）。

15　内閣官房行政改革推進事務局が、2016年1月に支払われた8省庁1,432件の旅費を対象に実施した実態調査によれば、SEABIS導入後にもかかわらず、旅費の支払に要した期間について、1か月以内は4割未満にとどまる一方、3か月以上に及ぶものも約1割に達していた（支給までの間、職員の立替払が発生）。旅費業務の処理においては、裁量の余地が広いことによる担当者の迷い・悩み、多数の担当者による起案文書の同じ項目の重複チェック、SEABISの自動計算結果の手修正などの煩雑な事務が発生していた（参照：2016年7月29日内閣官房記者発表資料）。

図表1-3

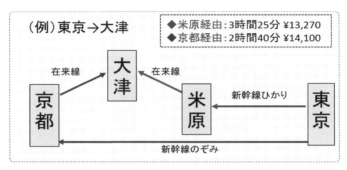

出所:2016年7月29日内閣官房記者発表資料

　上記改善計画においては、従来は、「旅費の支給額を安くしようとするあまり、担当者の業務処理に要する時間コストを含めたトータルコストの観点が不足していた」との問題認識を示した上で、職員が付加価値の低い業務に費やしている時間を、より建設的なものに振り向けるため、職員の意識改革、実務の合理化・標準化及びそれを支援するSEABIS改修等の措置を講じることとされている。

　具体的に、どのようなケースが現場を悩ませていたのか。例えば東京から大津まで出張する場合に、米原経由（時間かかるが安い）か京都経由（早く到着するが高い）かで迷いが生じる（図表1-3）。現場は時間コストを優先したいが会計課は経費削減を優先したいといった形で判断が異なる場合がある。このケースについては、システム改修により合理的な経路として表示する選択肢を5件に絞り込んだ上で、①旅行者は最安の経路を選択する、②ただし、旅行命令権者（直属の課長等）の判断で他の4件も選択可とする、③これ以外の経路とする必要がある場合に限り、会計課と協議する、という形で取扱いが明確化・標準化されている（標準マニュアル改定）[16]。

　他の例を挙げると、出張先（目的地）周辺にある自宅等に宿泊する場合、交通費の支給基準に各府省等の間でバラツキが生じていた。実態調査の結果、7類型もの種類に処理方法が分かれていることが明らかとなり、これを一つに統一することとされた（図表1-4）[17]。

16　2016年7月29日内閣官房記者発表資料「旅費・業務の見直し」
17　同上

図表1−4

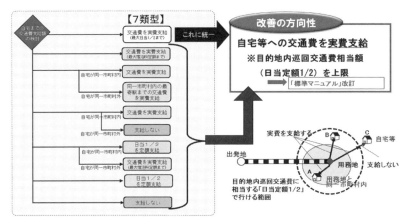

出所：2016年7月29日内閣官房記者発表資料

　このように、業務プロセスの見直しにおいては、業務実態を詳細に分析・把握した上で、利用者の迷い、悩みが生じる点を一つひとつ整理し、処理方法の標準化や判断基準の明確化を行った上で、それに応じてシステムの整備・改修等を進めていくことが必要となる。

4 BPRを成功に導くにはどうすればよいか

(1) BPRに取り組む目的と対象の設定

　BPRの実施に当たっての留意点や手順については既に多くの解説書があるので[18]、本稿ではごく簡単に留意点を述べる。

　ある業務についてBPRの実施を検討している状況においては、多くの場合、当該業務のプロセスについて、どの程度の問題があり、解決にどのような手立てを要するかがあらかじめ分かっているわけではないことが想定される。そもそも、改善策が明白であれば、BPRを経るまでもなく当該方策を実行していけばよいのだから。

　例えば、3（2）で述べた国家公務員の旅費に係る業務においては、支給遅延、煩雑な事務、職員の立替払負担等の問題が発生していたが、現場で実

18　例えば、白川克、榊巻亮著『業務改革の教科書－成功率9割のプロが教える全ノウハウ－』日本経済新聞出版社、2013年

際にどのような問題が発生していて、具体的にいかなる打ち手が考えられるのかは、業務実態を詳細に分析・把握するBPRを経ることではじめて把握し得たものである。こうした場合に、BPRによって現場で生じている問題をつぶさに洗い出すことなくシステム改修や制度変更を行うと、非効率が改善しないばかりか、追加的なコストまで発生しかねない。

他方、「（答はもとより）真の問題点が何かも、あらかじめ分からない」状況に立ち向かい、利用者・国民にとっての利益の最大化とリソースの有効活用を図ることは、当該行政機関にとってはリスクをはらむ挑戦となる。

従来の典型的な行政改革の取組みでは、組織内外を調整して約束した改革（事業の廃止縮小、予算・人員削減、アウトソーシングといったリストラ施策を含む）の実行は「必達目標」であり、内容が厳しくとも、何をすべきかに悩むことはない。

これに対し、BPRでは、仕事の仕方にどのような課題があり、それをどう変えれば、プロセス全体として、国民や利用者に提供する価値が最大化され、リソースの有効活用につながることとなるのか、当事者となる機関もあらかじめ見通し切れてはいない状態から出発することになる。このため、BPRに着手する時点では、達成内容や期間に過度に捉われずに、何のためにBPRを行うのか、ありたい姿はどのようなものか、といった点の掘り下げに注力する必要がある。民間企業で、経営者が事業部門に難しい課題へのチャレンジを課す場面を想像するとよいだろう。

まずは、合理的な「仮説」「予想」を立て、「こうありたい」という姿を描き出した上で、現実とのギャップを把握し、成すべきことを組み立てていく。どの程度の期間で結果を出せるかも、一応のメドを立てて着手することとなるが、実態把握を進める中で見出した課題に応じて、柔軟に対応していく必要がある。

「ありたい姿」を具体的に描き出し関係者が認識を共有することは、取組みを進めていく中で直面する数々の困難に当たって優先順位等の判断の拠り所ともなる。その際、現状に照らして具体的にいつ頃までにどのような状態に改めるのか、客観的な視点で特定しておくことが重要である。先行きの不透明さ、リスクから、目標を曖昧にしておきたくなるのは人情であるが、その結果、取組みが正しい方向に進んでいるのか修正が必要なのかを判断することができなくなってしまう。

具体例を挙げると、前述のデジタル・ガバメント実行計画においては、図表1－5の抜粋にあるとおり、個別サービス改革事項として、現状と課題（As Is）、実現したい状態（To Be）、KPIが記載されている（図表1－5では省略したが具体的な取組内容（To Do）も記載されている）。

（2）幹部と現場双方のコミット

　BPRでは、当該行政機関の幹部がコミットし、現場層を含む意欲ある改革者のチームが本気で取組みをしなければ、意味のある成果は得られない。業務フローの実態を把握し、改善策を見出す上では、当該業務を熟知した現場の職員の巻き込みは欠かせない。現場の立場からすれば、過去からの様々な要請に工夫しながら応えてきた結果として、現在の業務プロセスが形成されている。業務プロセスを抜本的に見直すことは、当該プロセスの成り立ちを1ステップずつ丁寧に解きほぐしていく作業でもあり、現場の職員の巻き込みなくしては進められない。

　過去からの経緯や対外的な配慮もあって形成されてきた内容を見直すには、幹部が改革実行に確固たるコミットを示すとともに、何を優先し何を切り捨てるかを判断することも必要となる。プロセスもシステムも、多方面への過剰な配慮や過度のリスク対応で複雑化しやすい。これをシンプルで効果的なものへと見直すには、リスクをとった幹部の判断が欠かせない。

　また、BPRの実施は、現場の職員などに通常業務に加えての労力をかけることとなる。特に後述のように丹念な事実の把握を進める過程では、業務プロセスの課題が可視化されていない段階で負荷がかかることから、ありたい姿のビジョンを示すなど改革の意義を組織内に浸透・腹落ちさせるリーダーシップが重要となる。

　法令立案や予算獲得等の政策立案に比べ、業務プロセスの改革については、苦労の割に成果が見えにくく地味であるため関心が薄くなりがちな面はあるが、政策の立案と同様に実行プロセスのマネジメントも幹部の重要な責務である。

（3）虚心坦懐・丹念な「事実」の把握

　ありたい姿や具体的に目指す成果を関係者が共有した後、BPRの肝となるのは、業務プロセスの実態をきめ細かく把握することである。職員も認識していないような問題を見つけ出そうとする以上、相応の労力と技術が必要となる。

図表1－5　法人設立手続のオンライン・ワンストップ化、法人登記情報連携の推進

現状と課題（As Is）		①法人設立に際し、面前、書面での手続が残り、オンラインで手続が完結できていない。また、プロセスが多数に分かれており、かつ手続完了までに日数を要し、ワンストップで手続が完結できていない。 ②法人の設立登記完了後、事業開始等の際に必要な各手続において、当該手続の添付書類として法人の登記事項証明書を求めているものが複数あり、新たに起業を行う民間事業者等は、その都度、登記事項証明書を取得し、行政機関に提出する必要がある。
実現したい状態（To Be）	利用者が享受する具体的なベネフィット	①法人設立に関して、利用者が全手続をオンライン・ワンストップで処理できるようにする。 ②法人の登記情報を提供可能とするなど行政機関の情報連携のため、柔軟に対応する仕組みを構築することにより、（情報連携する各行政機関の制度面における手当や、必要に応じた関連システムの改修等を前提として）各種手続における法人の登記事項証明書の添付省略が可能となり、登記事項証明書の入手に係るコスト・時間等を低減する。
	その他の具体的な付加価値	①登記情報システムのサーバ等機器の使用実績を踏まえた削減等により、同システムの年間運用経費を74億円／年（試算値）削減する（223億円／年→149億円／年。約33％の減）
具体的な取組内容（To Do）		（中略）
KPI		①会社の設立登記手続の処理期間を原則として申請から3日以内に完了（2017年度（平成29年度）中に取組を開始、2020年度（平成32年度）内達成） ②2019年度（平成31年度）中にオンラインによる法人設立登記の24時間以内の処理を実現する。 ③2020年度（平成32年度）中に定款認証及び設立登記のオンライン同時申請を対象に、24時間以内に設立登記の完了を実現する。 ④マイナポータルを活用した法人設立手続のオンライン・ワンストップ化 ・2019年度（平成31年度）中に設立登記後の手続のワンストップ化を実現する。 ・2020年度（平成32年度）中に定款認証及び設立登記を含めた全手続のワンストップ化を実現する。 ⑤各行政機関と法人登記情報の連携を実施（2020年度（平成32年度）内）各行政機関間との情報連携を可能とし、各手続における登記事項証明書の添付省略を実現する。

出所：デジタル・ガバメント閣僚会議「デジタル・ガバメント実行計画」（2018年7月20日）

まずは、業務プロセス自体を細部に至るまで把握することが必要となる。マニュアル等で明文化されておらず職員のノウハウに依存している処理なども含めて整理し、一つひとつの手順について、何の目的で、何に基づいて、何を見ているのかを洗い出していく[19]。

　さらに、業務プロセスのそれぞれの手順でどの程度の時間を要しているのか、利用者に効果的にサービスが届いているのか、システム上の不具合や利用者からの苦情等の発生状況はどうか、といった業務実態を丹念に把握、分析していくこととなる。その際、平均値や大括りの合計値を見ても得られる情報は乏しい[20]。担当者が予断を持って原因等を推測・分類してしまうことを排しつつ[21]、細かく分けて（必要なら悉皆で）データを把握・分析し、特異値等に注目していくことが改善に向けた気づきにつながる。

　虚心坦懐・丹念な事実の把握をした上で、改善の方向を見出していくことが必要であり、その逆となってはならない。当たり前に聞こえるかもしれないが、実際には、改善の方向という出口を先に想定し、それに合わせて材料を探してしまいやすい。丹念な事実の把握はBPRの肝であり、難しくとも、それを避けていては、中途半端な改革や、悪くすれば、コストをかけたにも関わらず成果が出ない、という結果に終わりかねない。

（4）事実に基づき、それまでの慣習に縛られずに業務フローを再設計

　事実を丹念に把握し、分析した結果に基づき、ありたい姿の実現に向け、最適のプロセスを設計していくこととなる。そして、その実現に向け、法令

19　手順の省略・統合や自動化等を検討する基礎資料とするには、○○課内でA、B等の書類を取りまとめて半日程度で審査、といった粗い粒度の把握では用をなさない。○×係の誰某が△△の目的で何分（何秒）かけて□□書と□○書の◇◇欄と◇○欄を×○の情報と突き合わせる、といった細かな粒度で丁寧に整理し、時間がかかっているのは待ち時間なのか処理時間なのか、待ち時間であれば前工程で何にどのような理由で時間を要しているのか、といったことを特定していく必要がある。

20　例えば、手順α、β、γから成る同じ業務を、地域別に機関A～Cが処理していて、いずれの機関も処理時間は25分、各手順の平均処理時間は8.3分だったとする。これでは改善のヒントは得られないが、手順ごとに細かく見ていくと、機関Aはαに10分、βに5分、γに10分で25分、機関Bは同様に5分、10分、10分、機関Cは10分、10分、5分で処理していた、といった事実が判明すれば、手順ごとにもっとも優れた方法に統一することで、25分から15分へ40％処理時間が短縮できることになる。

21　ヒアリングやアンケート調査をする際にも、「なぜA業務の処理に時間がかかるのか？」などと単純に尋ねるのみでは、その者が普段意識している問題点といった予断の入った回答が返ってきてしまう。「A業務の○×手順でかかった時間のうち、待ち時間と処理時間はそれぞれどの程度か？　待ち時間は何を待っていたのか、その間にやっていたことは何か？」などと客観的に事実を特定していく工夫が必要となる。

改正等を含め必要な施策を立案、実施する。必要なシステムを構築し、マンパワーを割り当てていく。

新たなプロセスを再設計する際には、当該行政機関の視点や利害に捉われず、他の機関の業務と併せて合理化を図ることや、当初の想定とは異なる活用方法、より大きく新たな国民・利用者の利益を実現する機会はないか、との視点で施策を検討する必要がある[22]。

視野を広げることで、当該行政機関のみでは達成できない成果について、関係機関の連携によって実現を目指していくといったことも可能となる[23]。

（5）推進環境・機運の醸成

BPRは、当事者自らが、相当の労力・エネルギーをかけて、自分達にも見えていなかった問題を探り当てて可視化し、業務プロセスを見直して解決していくものである。アメや外圧では、こうした困難な挑戦への意欲は持続しにくい。きっかけとしてあってもよいが、それで改革が進んでいくと考えるのは早計である。「やむを得ずやらされている仕事」「人減らしの手段」などと当事者に捉えられてしまうと、安易な改善策で形を取り繕う動きを誘発してしまいかねない。これでは、現場には負担感が残る一方、国民・利用者は十分なサービス改善を得られない結果となる。

迂遠（うえん）に見えても、BPRの必要性と効果についての認識を普及・浸透させ、各機関が自ら主体的に取り組んでいくことを促すことが必要である。関連して、問題意識を持っている機関の背中を押して、挑戦に取り組ませる環境や土俵作りを進めることも重要である。例えば、政府全体、あるいは府省といった上位のレベルで、実現したいビジョンを掲げつつ、その実現をいつまでにいかにして達成するかについて、行政機関の創意工夫を促すといったアプローチが考えられる。また、各行政機関がBPRを実施するに当たっては、一定の技術が必要な事実の丹念な把握の仕方のサポートや有効な施策のアド

---

22 例えば、市町村ごとの農業委員会が個別に運用していた農地台帳システムについて、全国一元的な農地情報公開システムとして整備し、データ項目の標準化も実施することで、就農希望者が全国横断検索を行うことが可能となった事例が挙げられる（参考：日経×（クロス）TEC 2018年4月17日 https://tech.nikkeibp.co.jp/it/atcl/column/14/239942/040300012/）（最終閲覧：2018年11月27日）。

23 例えば、登記・法人設立等関係の取組みの中で、国税庁においては、法務省からオンラインで提供されている登記情報を活用することにより、2017年4月から事業開始時等の手続（法人設立届出書等）において必要とされている登記事項証明書の添付省略を実施している（国・地方IT化・BPR推進チーム「国・地方IT化・BPR推進チーム報告書」2017年5月19日）。

バイスといった点について、支援を得られることが望ましい。

同時に、BPRを「人減らしの手段」として位置付けることは避けるべきである。コストカットに焦点を当てるのではなく、職員一人ひとりが生み出す付加価値の高度化に焦点を当てる。人を減らすために仕事を減らす、というアプローチではなく、仕事を減らすことで余力を生み出し、新たな業務を付与することを含め人の業務を高度化する、というアプローチで臨む。それが、後述のように確保し得る労働力の減少に伴いマンパワーが希少化していく時代にも適合している。

5 BPRの先に目指すものは何か

（1）技術革新の大波、人口減少社会に適応した組織のあり方

■で述べたとおり、全世界的な技術革新、人口減少社会へ対応していく上で、仕事の仕方を変えていくことは不可欠である。そして、このトレンドはその性質上、今後長期間にわたって続くものであり、更には、技術革新の進展により求められる変化のスピードも一層加速していくことが予想される。こうした環境を生き抜いていくためには、自らを取り巻く環境に応じ、継続的、俊敏に自己改革を遂げることのできる組織が求められる。

標準化可能な業務が次々に減少し、残る業務の付加価値を高めなければ淘汰されてしまう力学は、遅かれ早かれ、行政を含め、あらゆる産業に及んでいく。そこでは、容易には代替が不可能な財やサービスを生み出す個々人・チームの創造性や感性こそが価値の源泉であり、それをいかに引き出すかが組織の命運を左右する。

優秀な人を掻き集めればよい、という単純な問題ではない。何よりもまず、多様な人材を惹き付け、同じ方向を向いて創意工夫を発揮させるような、ビジョンとリーダーシップが必要となる。変化が非常に早く先の読めない環境に対応するためには、新たなアイデアを素早く試し、結果から学んで修正していく主体性のある人材が必要となるが、これは上意下達型の管理では達成できない。更には、ビジョンが浸透し、価値判断の拠り所となるような（何を切り捨て、何をとことんまで追求するかを判断できるような）戦略が共有され、個々人が主体的に判断し行動できる条件が整えられていること、挑戦を慫慂し失敗を許容する価値観が徹底されていること、個々人の多様な事情

に応じた働き方を可能とし相互に刺激を与え合う多様性を確保すること[24]、組織内外のコラボレーション、コミュニケーションを活発にするとともに創造性を発揮するための個々人の流儀を尊重すること、そのため魅力的なオフィス空間や人事制度を用意することを含め知的生産性を高める環境作りに工夫を凝らすこと、といった様々な条件が必要となるだろう。

（2）BPRは、時代に応じた組織への変革に向けた鍵

　上記のような組織作りはもちろん容易なことではないが、**4**で述べた一連のステップを経てBPRへ真剣に取り組んだ組織であれば、BPRに取り組んだ業務を中心として、利用者、国民に対して実現すべき価値に照らして「ありたい姿」を明確化し、組織内で共有していることだろう。そして、業務プロセスの全体を通じて丹念に事実を把握、分析し、ありたい姿から逆算して業務プロセスを見直すことも経験しているだろう。ありたい姿とプロセスを可視化し共有することで、職員の主体的な取組みのベクトルを揃えることができる。BPRの成果を活かし、横展開や応用を進めていけば、変革の継続を組織に根付かせるチャンスとなる。何より、あらかじめ道筋が見えない状況であっても仕事の仕方を改革することは可能、という経験が財産として残る。

　このように、BPRに取り組むことで組織に残る知見、経験は、環境に応じて継続的、俊敏に自己改革を遂げることのできる組織作りに必要と考えられる、（1）で述べた要素の多くを含んでいる。もとより、BPRをすれば組織変革も達成できるというような甘いものではなく、BPRは組織変革の種子・きっかけとなり得る、という程度のものだろう。しかし、BPRを一過性のものとせず、改善を継続的に実施していくことは、時代に応じた組織への変革に通じる鍵の一つになると考えられる。

※本稿で意見にわたる部分は筆者の個人的見解であり、所属する組織とは関係がありません。

24　ダイバーシティの確保が個々人・チームの創造性や感性の向上にも資することとなれば理想的である。ただし、それが成り立ちにくいケースもあることは否めないので、多様性の確保が組織にとって合理的な選択となるよう、一定の政策的介入も必要である。

経済産業省における BPR の取組み

株式会社 NTT データ経営研究所
小島　卓弥

1 経済産業省における BPR 実施の背景と目的

　我が国の経済・社会は、少子高齢化・人口減少等、様々な課題を抱え、行政に対して求められるサービスは多様・肥大化している一方、社会保障をはじめとする歳出増大により、財政・人員に係る制約はますます厳しくなってきている。かかる情勢の中、限られた財政・人員で社会的需要に十分に応えた事業・施策の立案を行っていくためには、行政サービスの品質維持・向上をさせつつ、行政コストの削減を図り、生み出されたリソースをコア事業・施策に投入していくことが求められている。

　政府全体としても、「経済財政運営と改革の基本方針2015」（2015年6月30日閣議決定）や「「日本再興戦略」改訂2015」（2015年6月30日閣議決定）等において、業務改革を推進していく方針が打ち出されたことを受けて、総務省が「国の行政の業務改革に関する取組方針の改定について」（2015年7月総務省行政管理局）を取りまとめ、国の行政におけるBPRの推進と横展開を、各府省の今後の業務改革の取組方針として規定したところである。また、同年6月に閣議決定された「骨太方針2017」（2017年6月9日閣議決定）においても、政府におけるBPR等の着実な実施による業務改革・情報システム改革を進めていくことが定められたところである（これらの詳細に関しては第1章を参照のこと）。

　こうした状況の中、経済産業省では2016年度に経済産業局の本省の執行業務を対象に、業務プロセスや業務量等の見える化を行った上で、BPRの手法を活用した業務改善に取り組んだ結果、業務時間の短縮、事業者に対するサービスの向上等の執行業務の品質向上を実現し、また、事業者の利便性向上にも寄与した。

　本章で紹介する2017年度の取組みでは、2016年度の取組みに引き続き、省内業務の効率化のみならず、社会全体でのトータルコストの削減や事業者に

対するサービスの向上等の執行業務の品質向上を実現できるような業務執行の在り方について取り組んだ成果をまとめたものである。

2 BPR実施の方向性及び対象

　2017年度の取組みではBPRを既存の業務内容や業務フロー、組織構造、ルールを全面的に見直し、再設計（リエンジニアリング）することとして定義し、省内の各業務プロセスを改善するという狭い意味に留まらず、システム導入、アウトソーシング、調達コスト、省令の改正、国民（利用者）負担の削減等、幅広く見直しを行った。

　また、本調査のBPRの対象範囲（狙い）としては、現場の業務負担の軽減、国民（利用者）負担の軽減の2点を見直し効果として狙い実施した。また、業務によっては大規模なシステム導入や省令改正等を実施することで、より大きなBPR効果が得られるケースも想定される。ただし、その場合には予算要求や省令改正の準備等、膨大な時間と調整等を要することとなる。これらの場合には、最大の効果が得られるBPRを将来的に目指しつつも、短～中期的に対応可能なBPRをまず着手するなど、それぞれの業務の特性に応じて検討を行った。

　BPRを実施したのは図表2-2にある6業務である。

図表2-1　経済産業省のBPRのイメージ

```
          平成29年度経済産業省
                BPR
        ／                  ＼
  現場の業務負担の軽減      国民負担の軽減
```

BPRの効果	プロセス改善	システム導入	アウトソーシング等
効果大	システムに合わせて大規模に見直し	大規模システムの導入、改修	業務を集約化して大規模に委託
効果中	システムは導入しないが大胆に見直し		
効果小	現行ベースにExcel等で処理	紙処理をExcel等で処理	正規職員の業務を非常勤職員等に代替

見直しの範囲や方法は業務や事業の特性に応じてケース・バイ・ケースで対応（システムは導入しないがプロセスは大胆に見直す等特性に応じて対応）

出所：経済産業省資料より作成

図表2-2　BPRを実施した事業名

事業名
経営力向上計画の認定申請等にかかる業務
鉱業権の設定手続等にかかる業務
化学物質管理に関する業務
工場立地法にかかる工場立地動向調査業務
外為法に基づく輸入割当（IQ）制度の運用にかかる業務
経済センサス - 活動調査業務

出所：経済産業省資料より作成

3 BPR実施の流れ

BPRは以下の流れに沿って実施した（なお、業務特性等により一部作業を省略したケース等もあった）。

① 現状確認・フロー作成ヒアリング

業務の制度的な位置付け、現状（実施方法、体制、年間処理件数）等についてまず把握した。その上で、業務フローを作成するため、制度を理解している職員、実際に業務を行っている職員数人に対してヒアリングを実施し、業務の最初から最後までの流れを活動単位で把握した。この際、業務実施上の課題等についても併せて確認し、実際のBPRの際の貴重な視点とした。

② 標準作業時間の把握

①で作成したフローに対し、活動単位で標準作業時間（活動1単位を実施するのに要する平均的な作業時間）を把握した。把握に当たっては、複数の業務担当者に対しヒアリング形式で確認を実施した。この把握方法は金融機関をはじめとするサービス業で主に活用されているもので、行政機関でも幅広く活用されている（詳細は第15章を参照）。

③ 年間処理件数の把握

①で把握した活動を年間何件処理（実施）しているかを実績ベースで把握した。なお、業務フローの中でも活動により件数は異なる。例えば、全体の業務処理件数は1,000件であっても、一日分をまとめてバッチ処理したり、申請書等を月次処理する場合等は当然件数が異なる。そのため、全活動に対してそれぞれ把握する必要がある。

図表２－３　積み上げ式 ABC 計算イメージ

○積み上げ式ABC計算イメージ・旅費支給（定型的・作業時間が短い）※今回の調査の対象業務ではありません。コストも仮置きした数字で計算しています。

演習用資料2-2			活動者	件数	標準作業時間(分)	総作業時間(分)	活動別人工	活動コスト	業務改善・削減			外部委託・非常勤化			IT化			計	
業務名	Act. No.	活動名							割合	削減業務量	削減コスト	割合	代替業務量	削減コスト	割合	削減業務量	削減コスト	削減業務量	削減コスト
旅費支給	1	市外出張命令書の作成	職員	10000	30	300000	2.72	¥24,456,522		0.00	¥0		0.00	¥0	30%	0.82	¥7,336,957	0.82	¥7,336,957
	2	決裁	職員	10000	5	50000	0.45	[illegible]	[illegible]	[illegible]	[illegible]	[illegible]	[illegible]	¥0		0.00	¥0	0.00	¥0
	3	決裁	係長	10000	5	50000	0.45	[illegible]	[illegible]	[illegible]	[illegible]	[illegible]	[illegible]	¥0		0.00	¥0	0.00	¥0
	4	決裁	課長	10000	5	50000	0.45	[illegible]	[illegible]	[illegible]	[illegible]	[illegible]	[illegible]	¥0		0.00	¥0	0.00	¥0
	5	市外出張命令書内容確認/出勤簿へ押	職員	10000	2	20000	0.18	¥1,630,435	100%	0.18	¥1,630,435		0.00	¥0		0.00	¥0	0.18	¥1,630,435
	6	勤務実績報告入力	職員	10000		0	0.00	¥0	100%	0.00	¥0		0.00	¥0		0.00	¥0	0.00	¥0
	7	市外出張命令簿への記入	職員	10000	1	10000	0.09	¥815,217	100%	0.09	¥815,217		0.00	¥0		0.00	¥0	0.09	¥815,217
	8	決裁	係長	10000	5	50000	0.45	¥4,076,087	100%	0.45	¥4,076,087		0.00	¥0		0.00	¥0	0.45	¥4,076,087
	9	決裁	課長	10000	5	50000	0.45	¥4,076,087	100%	0.45	¥4,076,087		0.00	¥0		0.00	¥0	0.45	¥4,076,087
	10	市外出張命令簿内容確認/出勤簿に押	職員	10000	2	20000	0.18	¥1,630,435	100%	0.18	¥1,630,435		0.00	¥0		0.00	¥0	0.18	¥1,630,435
	11	勤務実績報告の入力	職員	10000		0	0.00	¥0	100%	0.00	¥0		0.00	¥0		0.00	¥0	0.00	¥0
	12	市外出張命令書の回議・内容確認	職員	10000	1	10000	0.09	¥815,217	100%	0.09	¥815,217		0.00	¥0		0.00	¥0	0.09	¥815,217
	13	交通機関・経路等調査、料金計算	[illegible]	[illegible]	[illegible]	[illegible]	[illegible]	[illegible]	[illegible]	[illegible]	¥0	100%	2.72	¥12,228,261		0.00	¥0	2.72	¥12,228,261
	14	市外出張旅費請求書（兼領収書）作	[illegible]	[illegible]	[illegible]	[illegible]	[illegible]	[illegible]	[illegible]	[illegible]	¥0		0.00	¥0	100%	0.09	¥815,217	0.09	¥815,217
	15	市外出張旅費請求書（兼領収書）押印	職員	10000	1	10000	0.09	¥815,217	[illegible]	[illegible]	¥0		0.00	¥0		0.00	¥0	0.00	¥0
	16	支出命令入力	職員	10000	2	20000	0.18	¥1,630,435		0.00	¥0	100%	0.18	¥815,217		0.00	¥0	0.18	¥815,217
	計			10000	—	1267093	11.48	¥103,295,62[illegible]	12.6%	1.45	¥13,043,478	25.3%	2.90	¥13,043,478	7.9%	0.91	¥8,152,174	5.25	¥34,239,130

改善の切り口別に改善効果を設定

活動単位でBPRを実施
（実際に想定される改善効果に応じて設定）

全体の改善効果も業務量・コスト別に定量的に把握することが可能

注：今回の調査対象ではない。
出所：著者作成

④　活動基準原価計算（ABC）による業務量・コストの把握

②と③の結果に担当職員の平均給与額を掛け合わせ、業務量及びそのコストを活動単位で把握した。これは活動基準原価計算（ABC）の考え方に則り実施したもので、これにより⑤で実施するBPRの際の業務改善のポイントを明らかにしたり、それらを改善することによりどのような改善効果が期待できるのかのシミュレーション等に活用された。

また、行政機関においては予算と定数はそれぞれ別管理されているため、コストの改善効果だけでなく、それにより職員数（業務量）の構成がどのように変動するか等についても定量的に明らかにした。

⑤　BPRの実施

①で把握した業務フロー、及び④で把握した業務量・コストの情報を元に、BPRを実施した。定型的な業務の場合は、個々の活動単位で業務の見直しを実施した。主な切り口として業務改善・削減（決裁や集計業務等の廃止・見直し等）、外部委託・非常勤化、IT化、集約化等がある。

また、その効果把握に当たっては決裁等活動すべてを廃止する場合は改善割合100%、IT化等で業務が軽減する場合には想定割合等を活動ごとに設定した。また、外部委託の場合は、代替可能な業務量に正規職員との人件費割合を掛け合わせて代替効果（差額）を算定した。

これらのBPRを実施し、集計することで、どの程度のコストや業務量が

低減するか定量的に把握することが可能となった。

なお、BPRの結果については、業務実施担当者が実現可能性及び妥当性について確認し、その上で本調査結果に基づく改善の方向性を確定していった。

4 各業務におけるBPRの結果

各業務におけるBPRの結果は図表2－4－1～2－4－6のとおりである。これらは「平成29年度産業経済研究委託事業（ビジネス・プロセス・リエンジニアリング（BPR）手法を活用した経済産業政策分野の事業・施策の評価及び見直しに関する調査）調査報告書」[1]より抜粋したものである。

5 把握された共通的な課題

今回実施した6業務（図表2－4－1～2－4－6）のBPRの結果、以下のような共通的な課題が明らかとなった。

① **電子申請が十分に活用されない**

電子申請を利用するための手続きが煩雑、あるいは電子申請を利用できるようにするために必要な認証のためのコストが高額等という理由で、そもそも電子申請を利用するために大きなハードルがある。また、電子申請を実施した後に、同じものを別途紙でも申請資料として提出する必要がある等、電子申請のメリットがほとんどないケース等も見られた。

さらには、電子申請利用者は紙申請の受付から2週間が経過しないと電子申請できない等、電子申請を利用するほうが不利益となってしまうケースもあった。

② **電子申請データが活かされない、システムの有効活用**

電子申請により受付を実施しているものの、そのデータを職員が手入力し直す必要がある等、事務処理上電子申請のメリットが享受されていないケースが見られた（一般的には電子申請で登録されたデータは業務処理を行うためのシステムに取り込むことが可能で、入力業務は省略されるメリットが期待できる）。

---

1 http://www.meti.go.jp/meti_lib/report/H29FY/000202.pdf

図表2－4－1　事業名 経営力向上計画の認定申請等にかかる業務

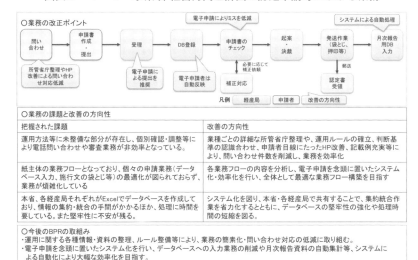

図表2－4－2　事業名 鉱業権の設定手続等にかかる業務

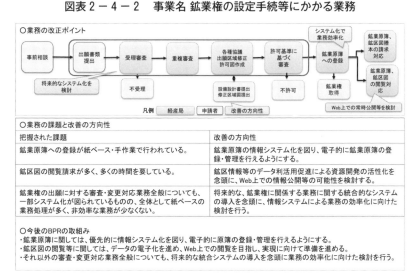

図表2－4－3　事業名 化学物質管理に関する業務

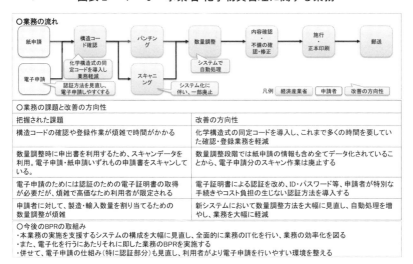

把握された課題	改善の方向性
構造コードの確認や登録作業が煩雑で時間がかかる	化学構造式の同定コードを導入し、これまで多くの時間を要していた確認・登録業務を軽減
数量調整時に申出書を利用するため、スキャンデータを利用。電子申請・紙申請いずれもの申請書をスキャンしている。	数量調整段階では紙申請の情報も含め全てデータ化されていることから、電子申請分のスキャン作業は廃止する
電子申請のためには認証のための電子証明書の取得が必要だが、煩雑で高価なため利用者が限定される	電子証明書による認証を改め、ID・パスワード等、申請者が特別な手続きやコスト負担の生じない認証方法を導入する
申請者に対して、製造・輸入数量を割り当てるための数量調整が煩雑	新システムにおいて数量調整方法を大幅に見直し、自動処理を増やし、業務を大幅に軽減

○今後のBPRの取組み
・本業務の実施を支援するシステムの構成を大幅に見直し、全面的に業務のIT化を行い、業務の効率化を図る
・また、電子化を行うにあたりそれに即した業務のBPRを実施する
・併せて、電子申請の仕組み（特に認証部分）も見直し、利用者がより電子申請を行いやすい環境を整える

図表2－4－4　事業名 工場立地動向調査

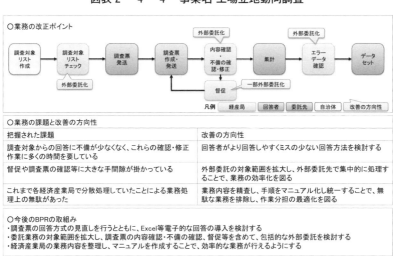

把握された課題	改善の方向性
調査対象からの回答に不備が少なくなく、これらの確認・修正作業に多くの時間を要している	回答者がより回答しやすくミスの少ない回答方法を検討する
督促や調査票の確認等に大きな手間隙が掛かっている	外部委託の対象範囲を拡大し、外部委託先で集中的に処理することで、業務の効率化を図る
これまで各経済産業局で分散処理していたことによる業務処理上の無駄があった	業務内容を精査し、手順をマニュアル化し統一することで、無駄な業務を排除し、作業分担の最適化を図る

○今後のBPRの取組み
・調査票の回答方式の見直しを行うとともに、Excel等電子的な回答の導入を検討する
・委託業務の対象範囲を拡大し、調査票の内容確認・不備の確認、督促等を含めて、包括的な外部委託を検討する
・経済産業局の業務内容を整理し、マニュアルを作成することで、効率的な業務が行えるようにする

図表2-4-5 外為法に基づく輸入割当（IQ）制度の運用にかかる業務

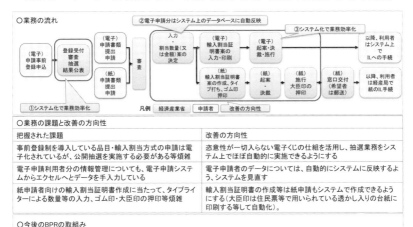

○業務の課題と改善の方向性

把握された課題	改善の方向性
事前登録制を導入している品目・輸入割当方式の申請は電子化されているが、公開抽選を実施する必要がある等煩雑	恣意性が一切入らない電子くじの仕組を活用し、抽選業務をシステム上でほぼ自動的に実施できるようにする
電子申請利用者分の情報管理についても、電子申請システムからエクセルへとデータを手入力している	電子申請者のデータについては、自動的にシステムに反映するよう、システムを見直す
紙申請者向けの輸入割当証明書作成に当たって、タイプライターによる数量等の入力、ゴム印・大臣印の押印等煩雑	輸入割当証明書の作成等も紙申請もシステムで作成できるようにする（大臣印は住民票等で用いられている透かし入りの台紙に印刷する等して自動化）。

○今後のBPRの取組み
業務の流れ全体をシステム化することで、これまで電子化しながらも十分に効率化が図られなかった部分（電子申請データをエクセルに手入力する等）を含め、最適化を図る

図表2-4-6 事業名 経済センサス-活動調査業務

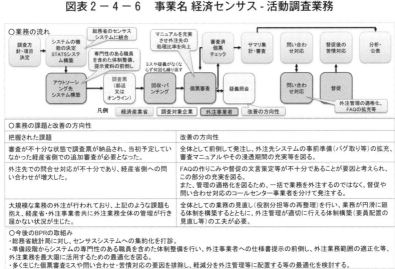

○業務の課題と改善の方向性

把握された課題	改善の方向性
審査が不十分な状態で調査票が納品され、当初予定していなかった経産省側での追加審査が必要となった。	全体として前倒して発注し、外注先システムの事前準備（バグ取り等）の拡充、審査マニュアルやその浸透期間の充実等を図る
外注先での問合せ対応が不十分であり、経産省側への問い合わせが増大した。	FAQの作りこみや督促の文言策定等が不十分であることが要因と考えられ、この部分の充実を図る。また、管理の適格化を図るため、一括で業務を外注するのではなく、督促や問い合わせ対応のコールセンター事業者を分けて発注する。
大規模な業務の外注が行われており、上記のような課題も抱え、経産省・外注事業者共に外注業務全体の管理が行き届かない状況が生じた。	全体としての業務の見直し（役割分担等の再整理）を行い、業務が円滑に廻る体制を構築するとともに、外注管理が適切に行える体制構築（要員配置の見直し等）の工夫が必要。

○今後のBPRの取組み
・総務省統計局に対し、センサスシステムへの集約化を打診。
・準備段階からシステムの専門性のある職員を含めた体制整備を行い、外注事業者への仕様書提示の前倒し、外注業務範囲の適正化等、外注事業者を最大限に活用するための最適化を図る。
・多く生じた個票審査ミスや問い合わせ・苦情対応の要因を排除し、軽減分を外注管理等に配置する等の最適化を検討する。

図表2−5　電子申請にまつわる課題

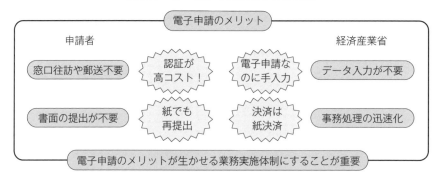

③ データ管理

　データ管理の視点では、Excel をデータベースの代わりに利用されているケースが見られた。Excel によるデータ管理は初期投資が極小で済む等のメリットがあり、数百件単位程度のデータの管理では十分に機能するが、その後業務が拡張し、数万件単位のデータを登録するに至ると、堅牢性等に不安が生じたり、データの処理に多くの時間を要することになり、ボトルネックの一つとなっていた。

　また、古いデータが紙で保存されているケースに関しては、検索や閲覧、審査等で紙データを参照する必要が生じるために手間が生じていた。

④ 統計・調査

　統計・調査の際に使用する紙の回答用紙の回答欄が小さく記載しにくい、質問の意図が分かりにくい（誤解しやすい）等の要因から、誤記入や誤回答、未回答等を生じさせる要因となっていた。誤記入や誤回答、未回答は再確認のための問い合わせを行う必要があり、業務を更に繁忙化させる大きな要因になっていた。これらに関しては電子申請や、申請フォームに Excel 等の活用を進めることで、システム上で自動的にチェックを行い、ある程度事前にミスを排除する仕組みを作り出すことが可能となる。

　統計・調査を行う際に生じる督促や問い合わせ対応を外部委託するに当たり、FAQ や応答マニュアルの整備に十分な準備を行うことができず、結果的に苦情や更なる問い合わせを増やしてしまう要因となっているケースが見られた。

図表2-4-7　BPRにより把握された課題と改善の方向性①審査・決裁の適正化

- **審査・決裁の最適化～必要最低限必要な決裁とは何か**
  - 業務フローを確認すると、実際に業務執行に関わる担当課の他に、同じ課や部の総括を担当している職員が審査や決裁の担当となっているケースが見られた
    - 担当課の審査・決裁だけでも担当⇒係長⇒課長補佐、等重層的に審査・決裁を行っているにも関わらず、事業を直接担当していない総括担当まで審査・決裁を行う必要性が低いと考えられるケースが少なからず見られた

- 審査・決裁担当者が増えれば増えるほど、処理時間を長く要することになり、交付決定までの期間が延びてしまう他、審査・決裁を行う職員の負担そのものも重くなってしまい、またコストも増大してしまう

改善の方向性～審査・決裁が煩雑化してしまう要因と改善の方向性
- ①過去にミス等が生じ、審査や決裁等を行う数を増やす対策がとられた
  ⇒本当にミスを防ぐために必要な審査や決裁を再検証し、必要性が低いものは排除する
- ②特に大きな理由は無いが、念のため確認して欲しい
  ⇒「念のため」は不要であり、必要最低限の審査・決裁となるよう見直しを実施
- ③情報共有の一環として決裁担当者として入れている
  ⇒審査・決裁ではなく、同報等の形で共有し、審査・決裁そのものを停滞させることなく、情報共有を図る方法が考えられる（電子決裁システムを活用の場合）

> 必要最低限の審査・決裁は何か、省内で改めて協議し、決裁の最適化を図る必要がある

　これらの課題を解消するため、課題解決の検討を行った（図表2-4-7・2-4-8）。この際、担当部局内のBPRだけで解決するものだけでなく、組織横断的な共通的なシステム導入や、政府全体として検討していくべき課題など含め、幅広く検討を行った。以上は「平成29年度産業経済研究委託事業（ビジネス・プロセス・リエンジニアリング（BPR）手法を活用した経済産業政策分野の事業・施策の評価及び見直しに関する調査）調査報告書」より抜粋したものである。

まとめ

　以上が、2017年度に経済産業省で実施されたBPRの概略である。同省では、この検討結果を踏まえ、2018年度以降それぞれの業務に対するBPRの具体化に向けた作業に着手しているところである。
　また、経済産業省内には今回の調査対象と類似的な業務を実施しているケースがある。
　これらに関しては、個別の課題がある一方で、共通的な課題やボトルネックを抱え、業務が非効率化しているケースが少なからず見られる。そのため、このBPRを単に6業務のBPRに留まらせるのではなく、共通的な課題に関

図表2－4－8　BPRにより把握された課題と改善の方向性②電子申請～利用率の向上

- 今回の調査対象業務では、電子申請の仕組みを取り入れている業務があった
  - 電子申請の利用には、窓口提出や郵送のコストを要しない、申請時のミスを未然に防ぐ等、利用者にもメリットが多いものの、申請比率は数％～50％程度と伸び悩んでいる
  - 今回の調査から、以下のような課題が把握された

改善の方向性

課題	想定される原因	改善の方向性
①電子申請を行うことで、不利益がある（紙申請より申請時期が遅れてしまう等）	申請様式を電子化するのに手間取る、あるいは十分に時間を確保できない	補助金等に関しては、早い者勝ち意識が生じやすく、できるだけ早く提出したい意識が生じやすい。紙申請と同じタイミングで電子申請も受付ができるよう全体のスケジュールの調整を図るべき。それ以外に関しても、最低限紙申請と比較して不利になるような課題はないようにする
②電子申請の際の添付ファイルに容量制限があり、結果的にUPできず、電子申請ができない	システムの仕様の問題。10年以上前に開発されたシステム等にみられることが多い	システムの仕様の問題であり、添付ファイルの容量制限の上限を緩和する等のシステム改修の処置を実施すべき
③電子申請しても、採択後に結局紙で提出しなければならない	1. 原本性を担保するため、捺印がある申請書が必要 2. 登記簿謄本、財務諸表の電子情報が証憑として認められるか不明 3. 会計検査対応等の観点から紙でセットしておくほうが一覧性が高い、等の要素が考えられる	これらに関しては、関係省、諸機関とも協議を行い、システムで提出された申請書類・証憑について、紙媒体と同様の原本性を認めるか、捺印がなくとも複数の証憑（登記簿謄本と財務諸表等）で同様の効力を認めることができるか確認し、それに応じて改善策を講じるべき
④申請者がPCを使えない、苦手である	1. 申請者が日常的にPC等を利用して業務を実施しておらず、申請書の作成やそれに添付する図表等の作成・加工をPCで実施することができない（あるいは得意ではない） 2. 登記簿謄本等を電子化（PDF形式等）にするためのスキャナーを保有していない	1. ITリテラシーの問題に関しては、完全に解消することは難しい。ただ、申請をWeb上のフォームに入力することで提出できるようにする等、申請者にとってユーザーフレンドリーな形式にしていくことは必要 2. はスマートフォン等で撮った写真データ等の提出を認める
⑤電子申請を行うための認証を取得するために手間とコストが必要	申請により公的個人認証による本人（企業）確認が必要だが、それを利用できるためには4～5万円程度の初期費用と数年に1回の更新手続・費用が必要	役所に対して、年間何回もの申請を行う者に対しては対応可能だが、1件の申請のために認証を取得するのは難しい。法人用マイナンバーの利用等より平易に認証できる仕組みを導入する

今後も利用者にとって利用しやすい形に電子申請の改善を続け、利用比率の向上へ繋げていくべき

- 電子申請比率100％を目指して
  - 長年、申請の電子化の議論が行われてきているが、電子申請化を進めても電子化比率が100％となった申請は非常に少ない
  - 一方で紙申請が残った場合、紙データをパンチングする必要が生じ、業務が完全に効率化しない
    - 今回の調査では、電子申請を導入しているにもかかわらず、業務自体は紙申請と同じように行われており、業務が効率化していないケースすらあった
  - 電子申請比率を100％にするためには、原則として紙申請を受付けない等の対応が必要だが・・・
    - 実際に諸外国では、国の方針として原則として電子申請に寄せる取組をおこなっているケースもある
    - 一方で、平成28年度中小企業白書の調査では、24.4％の企業がPC等を導入していないとの結果もあり、全面的な電子化を進めにくい要因となっている
    - ただし、申請の性質（法人向けの申請である、特定の業態に特化、付加価値的なサービスである等）に
よって、電子申請以外は受付けないという方策は考えられる
  - 紙申請を残しながら、電子申請比率を高めていくために
    - 紙申請を残しながら、電子申請比率を高めていくためには電子申請利用者には申請結果の回答や採択が早い、手数料が安い（手数料がある場合）等のインセンティブを付ける等の方法が考えられる
    - また、利用者が使いにくい電子申請システム（添付資料の容量制限が少なすぎる、データ処理が重い等）は改修し、利便性の向上を図っていくことも必要

しては、今回のBPRの結果を活用することで、同じように業務が効率化することが期待され、その方向でも検討が進められる予定とのことであった。

　特に、今回は統計や申請、補助金等共通的な類型が省内に存在する業務を対象にBPRを実施しており、成果の共有化が図りやすい。そのため、横串的に見直しを図ることで、より大きな成果が期待できる。また、前項で整理したようにBPRが更に具体化したタイミングでも随時成果を共有することで、それらの成果も共有することが可能となる。

　また、補助金関連業務や申請等、共通的な業務に関してシステム化を行う際には、汎用的なシステムを構築し、共同利用することで、より多くの電子化が達成できることがあるため、その方向からも検討していくとのことだっ

た。ただし、申請件数が非常に多かったり、特殊な機能が求められる場合には、個々にシステム構築を実施したほうが効率的なケースもあるため、十分な検討が必要である。したがって、汎用的なシステム化が可能そうな業務に関しては併せて見直しを図ることが必要である。

　また、外部委託に関してはシステム以上に共同で委託するという意識になりにくいが、同じような処理を行う業務で繁忙期が重ならなければ、一本で委託することでより良い条件で委託をすることができる可能性もある。ただし、全く性質の違う業務であったり、繁忙期が重なってしまう場合は逆に割高になるケースもあるので留意が必要となる。

　今回のBPRに関しては、①業務フロー分析や活動基準原価計算等の手法を用いて、定性的・定量的に業務の現状分析を実施、②そのデータに基づき、幅広い視点でBPRを実施すると共にBPRの効果を定量的に測定、③BPRに当たっては担当部局内で解消できる課題から、システム導入（類似業務における共通システム化等も含む）、政府全体で解消すべき課題等、予断を持たず幅広く検討した、という点が特筆される。

　上記にも整理したように、これらの成果の具体化を果たすと共に、さらに省内の類似事業へと展開し、更なるBPRが推進されることが今後期待されるところである。

第3章 アウトソーシングによる業務改革

東京都足立区
定野 司ほか5名

1 足立区における業務改革

① 足立区の現状と課題

　足立区は、2019年1月現在、人口が68万8千人を超えており、今後も一定程度の人口増が見込まれている。しかし、長期的には人口減少、少子・超高齢社会の進展が予測され、高齢者人口が増加する一方、生産年齢人口が減少することによる人口構造の大きな変化は、扶助費の増加や税収の減少をもたらし、区の財政面に大きな負担がのしかかることとなる。さらに、当区は自主財源に乏しく、都区財政調整交付金といった財源保障制度に依存せざるを得ない構造的な課題も抱えている。

　一方で、これまでも当区は、増大する行政需要に対応するため、様々な行政改革を進めてきた。例えば、給食調理や学校用務といった業務の技能労務系職員の退職不補充による民間委託への移行、区立保育園や体育館、図書館など公の施設の指定管理者制度導入、文書管理や財務のシステム化による事務の効率化などが挙げられる。その結果、職員定数はピークの1982年度5,853人から、2013年度3,438人まで削減が進められ、人件費の抑制を図ることで財源を生み出してきた。これらの改革は、一定の成果を上げたものの、ほぼやり尽くし、職員の削減は限界を迎えつつあった。

② 新たな改革へのチャレンジ

　一方、多様化する区民ニーズ、増大する社会保障費や老朽化施設の更新問題など、当区を取り巻く環境は厳しさを増すばかりであった。これら新たな行政需要や喫緊の課題に対応するための人材を生み出し、重点的に配置するためにも、従来の手法と異なる新たな改革への挑戦が必要であった。

　2006年7月の「競争の導入による公共サービスの改革に関する法律」の施行を受け、当区では全国初となる市場化テストを実施する場合のルール等を定めた条例を制定し、区民事務所（出張所）の窓口業務の外部化を目指した。

これは、基礎自治体の基幹業務である戸籍証明や住民票の発行、住民異動の受付等、広範な業務を担っている区民事務所を外部化することで、その他の業務へ波及させる趣旨もあった。

しかし、実施に当たっては①公権力の行使＝審査、決定等にかかる部分は公務員が直接執行すべきである。②偽装請負＝民間における実績や経験が乏しい中で、サービス水準を確保しようとすると、事業者に直接指示を与えてしまい、偽装請負となる恐れがある。③分割損＝公権力の行使にかかる部分を除いて外部化したとしても、スケールメリットが発揮されずに、従前経費を上回る可能性が高い、という3つの事項が支障となり、市場化テストを実施しても、効率的な業務運営や区民サービスの向上に関する十分な効果が期待できないことから、実施を見送らざるを得なかった。 　（佐藤雅憲）

2 日本公共サービス研究会の活動

① 日本公共サービス研究会の立ち上げ

市場化テストの実施を検討する中で見えてきた諸課題を解決し、新たな外部化の手法の構築を効果的に進めていくには、多くの自治体との連携による課題の共有やベストプラクティスの集約などが必要であった。そこで、足立区が事務局となり自治体同士の任意の研究会である日本公共サービス研究会（以下、「研究会」という）を2012年7月に立ち上げた（写真3－1）。立ち上げに当たっては、全国の自治体に呼びかけを行い、北海道から沖縄まで150を超える自治体が参加を表明した。また、研究会では、自治体の業務を専門性と定型性の有無で分類化したもののうち、外部化の有用性が高いと考えられる専門性は高いが定型的な行政特有の業務を「専門定型業務」として、研究領域を絞り込んだ。それとともに具体的な研究テーマについては、アンケート等により参加自治体の意向も確認しながら、外部化の実現可能性とその効果を見極めることとした（図表3－1）。

② 専門定型業務における外部化の推進

効果的な外部化を推進するためには、業務の見える化を通じて、委託業務の内容や委託可能な範囲を明確にしていかなければならない。そこで、業務内容の調査・分析に当たっては、研究会活動を連動させる形で、研究会への協力の申し出があった事業者によって、当区の実際の業務現場をフィールド

図表3-1　専門定型業務

自治体業務のうち、専門性は高いが定型的な処理を繰り返す業務

政策企画立案業務 （予算編成、企画立案、人事など）	公権力の行使・法規制事務 （滞納処分、審査/決定業務など）
専門非定型業務 （広報、システム構想、施設更新計画など）	**専門定型業務** ◆税関連補助業務　◆<u>戸籍事務</u> ◆<u>会計・出納</u>　◆区民事務所窓口事務 ◆<u>介護保険事務</u>　◆<u>保健センター窓口事務</u> ◆<u>国保事務</u>　◆児童手当・保育園入園
単純非定型業務 （受付・電話対応、物品調達など）	単純定型業務 （給食、公用車運行、施設維持管理など）

※下線部は足立区において外部化を実施している業務
出所：足立区資料（以下同じ）

写真3-1　日本公共サービス研究会第1回総会の様子

にして実施した。

また、その結果についても研究会での報告を通じて、参加自治体との共有を図っていった。このように、参加自治体、事業者との連携、協力のもと検討を進めていった。

こうして、当区では先行して外部化の検討を進めてきた戸籍等窓口業務をはじめとして、研究会でも要望が多かった国民健康保険業務と会計管理業務といった専門定型業務の外部化の実施に向けた動きが加速していくこととなる。

③ これからの研究会活動

政府は「骨太の方針2015」で、公共サービスの無駄をなくし質を改善するため、民間の活力を活かす社会改革として、①公的サービスの産業化②インセンティブ改革③公共サービスのイノベーションの三つを掲げた。

人口減少によって日本経済は縮小し、税金が減り、自治体の財政も小さくなり、職員は減少する。このため、今後の自治体経営の改善・効率化は必至で、AIやICT技術の活用を前提とした業務の標準化、共同化はアウトソーシングを一層加速させるだろう。

同時に、「日本公共サービス研究会」は、AIにない人間の「創造力」と自治体連携によって、社会の変化に対応できる、進化する政府、自治体を目指していく。

(佐藤雅憲)

3 戸籍等窓口業務の委託

(1) 経緯

① 委託に関する国の方針について

2008年1月17日に内閣府公共サービス改革推進室が、民間に委託することが可能な業務の範囲等について各省庁と協議した結果を示した。

戸籍の届出について(担当省　法務省)
・届出人の確認、届書の記載事項、添付書類の確認
・戸籍の記載(電算化されている場合には、端末の入出力の操作を含む)
・その他、事実上の行為又は補助的業務

2013年3月28日に、法務省民事局民事第一課長名の通知(以下「317号通知」という)が発出され、委託が可能なものと、市区町村長の判断が必要な

ものの区分が示された。
- ・委託が可能なものとして事実上の行為又は補助的行為がある。
  例　届書の受領及び本人確認、届書への記載及び添付書面の確認、戸籍発収簿への記載、戸籍の記載
- ・市区町村長の判断が必要となる業務として以下のものがある。
  例　届書の受理の要件を確認した上での受理又は不受理の決定

② **日本公共サービス研究会中間報告書（2013年6月）**

（https://www.city.adachi.tokyo.jp/sesaku/soukai2.html）
- ・外部化が抱える諸問題について、日本公共サービス研究会を立ち上げて、解決の方向性を検討し、中間報告書を作成した。
- ・受理行為は、申請書類の物理的な受付から記載内容の確認、表見的・形式的審査という一連の内容で構成されており、受理行為に含まれる。形式的・定型的な審査については、外部化の展開は可能と考えている。
- ・2012年9月に日本公共サービス研究会への参加自治体に行ったアンケートでは、96自治体のうち、65自治体が、戸籍等住民窓口が研究対象テーマとして取り上げたい業務内容と回答し、戸籍事務についての委託に多くの自治体が意欲を持っていることがうかがえた。

③ **外部化の実施**

　国の委託に関する方針等を受け、2012年度より事業検討を行い、プロポーザル方式にて事業者を選定し、2013年3月25日に、戸籍・区民事務所窓口の業務等委託契約を結んだ。準備期間を経て、2014年1月より、窓口業務委託を開始した。

④ **外部化実施における課題**

　戸籍業務の委託範囲は、住民票等の証明発行業務に加え、戸籍届書の交付・入力業務、住民異動届等の受付・入力業務等の広範囲に及ぶ。

　一方、委託の検討を開始した時点では、戸籍の委託業務についての指針を示した317号通知は発出されておらず、どこまで委託が可能かあいまいな点が残っていた。

　そのため、他区で既に戸籍届書の交付・入力業務、住民異動届等の受付・入力業務等の委託を行っていた区を視察し、実情を調査した。また、東京労働局から偽装請負との指摘を受けることがないよう、適切な委託の体制を整えることとした。それらの取組みにより、適切に外部化を実施することを目

指した。

（２）業務概要
① 委託開始当初の業務概要
 ⅰ　戸籍届書受付・入力業務
 ⅱ　住民異動届等の受付・入力及び関連業務
 ⅲ　印鑑登録業務、特別永住者関連業務、住居表示業務
 ⅳ　附票異動処理、人口動態調査、戸籍届書等発送業務
 ⅴ　窓口案内業務、証明発行業務、公金取扱業務

② 2014年の東京法務局・東京労働局の指導
　317号通知等に準拠して委託を開始したが、2014年3月17日に東京法務局から、主に下記が指摘され、是正を求められた。
- 足立区の業務手順では、区職員の審査前に事業者が受理決定の入力行為を行うことになっている。
- 事業者が窓口において書類の不備等を理由として届書を受理しないことは、民間事業者が実質的な不受理決定をしているに等しい。
- 請負契約をした事業者に区の職員が指揮・命令をすれば労働関係法令に違反する場合もあることから、東京労働局に対し、足立区が実際に行っている業務委託の内容について提供した上で、当該業務委託について労働関係法令上の問題の有無を照会し、その結果を報告すること。

　同年7月15日に東京労働局から下記の指導を受けた。
- 事業者が足立区に対して、エスカレーションと称した行為により疑義照会をすることが定められている。エスカレーションは、責任者間で行う調整行為ではなく、事実上の指揮命令となっているので是正すること。

　上記の指導を受けて、委託範囲を狭める等の見直しを行い、東京法務局及び東京労働局の了承を得た。

③ **2015年3月31日法務省民事局民事第一課補佐官の事務連絡（戸籍事務の民間委託に関するQ＆A）**
　317号通知では、委託が可能なものとして事実上の行為又は補助的行為があることと、市区町村長の判断が必要となる業務があることを示した。しかし、市区町村長の判断が必要となる業務について、委託が可能か否かについての明確な規定がなかった。
　この点について、Ｑ＆Ａは、以下のように記載している。

「市区町村長の判断が必要となる業務は委託することができない。なお、上記いずれの業務に当たるかについて、317号通知4（1）において区分例が示されているが、これは、飽くまで一般的な業務類型として示したものであり、当該類型の業務であれば、例外なくその区分に当たることまで示したものではない」

2015年4月7日の参議院法務委員会では、下記の答弁があった。

政府参考人「戸籍事務の中には、（中略）公共サービス改革法の法文や内閣府の通知によれば、一見、民間委託が許される範囲に含まれるように見えても、裁量的な判断が伴うために委託になじまないというもの（中略）も考えられる」

これらにより、317号通知や法令で委託が可能であるとされていたものについて、委託できないものがあることが示された。

④ 現在の足立区の委託について

委託当初の業務概要中、i戸籍届書受付・入力業務、ii住民異動届等の受付・入力及び関連業務、iii印鑑登録業務、特別永住者関連業務、住居表示業務のうち、iは東京法務局及び東京労働局の通知及び指導、法務省の事務連絡等に基づき、直営に戻した。また、ii・iiiは、手続きに職員の判断を必要とする項目が多く、効率性の観点から、直営に戻すこととした。

その結果、現在の足立区は、以下の委託を適正に行っている。

- iv 附票異動処理、人口動態調査、戸籍届書等発送業務
- v 窓口案内業務、証明発行業務、公金取扱業務

写真3－2　番号発券機とフロアマネジャー

（3）成果

① 委託によるサービス拡大

- ・委託前は、受付窓口数8、フロアマネージャーを昼休みのみ1名配置、昼休憩3交代制であった。
- ・委託後は、受付窓口数を16に倍増し、

図表3-2　委託後の戸籍窓口業務フロー

窓口案内番号札発券	証明申請(本人等)	受付	証明作成	照合	検認	交付
委託		委託	委託	委託	区	
	証明申請(第三者等)	受付(発行可否判断)	証明作成	照合	検認	
		区	区	区	区	
	戸籍届出 住所変更 その他	受付・審査・入力・証明申請受付	証明作成	照合	検認	委託
		区	区	区	区	

　フロアマネージャーを常時3名に増加した。また、昼休憩時間や繁忙期の窓口応対の強化を行った。
　委託当初は、多少の混乱があったが、委託が定着するに従い、昼休み・繁忙期にかかわりなく、短時間に手続きを行うことができるようになった。また、フロアマネージャーを常時配置することにより、お客様の案内を的確に行うことができるようになった。
　これらのサービス拡大により、窓口に関する区民アンケート（2018年7月実施）において、9割近くのお客様から満足との回答をいただく等、区民満足度について高い評価を受けることができた。また、足立区戸籍住民課窓口等評価委員会においても、合格点をいただいた。

② **コストメリット**
　委託により実現した窓口業務の品質、区民満足度の向上を含めてコスト比較する「バリュー・フォー・マネー」の考え方に立って、コストメリットを算定した。現在のサービス水準を仮に区直営で実施した場合と委託した場合でコスト比較すると、2021年5月末までの累計のコストメリットは1億円以上となる。
　なお、戸籍事務の委託により、生み出された職員は、優先度の高い業務領域に職員を配置することが可能になった。

（４）今後の課題
① 委託の今後の展望
　当初は、広範な委託事務が認められていたが、その後、国の通知等により、委託の範囲が狭められた結果、足立区の戸籍事務の委託の範囲も狭めることとなった。今後、国が委託可能な範囲についての見直しを行い、広まった場合には、足立区の戸籍事務の委託の範囲も広げていきたい。国の制度の見直しに期待したい。

② 委託事業の安定的な運用
　戸籍事務の委託の安定的な運用のためには、法務省・総務省・内閣府等の複数の官公庁の通知等に適切に対応する必要がある。常に国の動向を注視し、制度改正等に的確に対応できるように努める。　　　　　　　　　　（薄井正徳）

4　国保業務の委託

（１）経緯
① 国民健康保険業務外部化のきっかけ
　日本公共サービス研究会（2012年7月）への参加自治体に対して「外部化したい業務」のアンケートを実施した結果、国民健康保険業務への検討希望が多かった。これを踏まえ、2013年度より国民健康保険業務に関する委託の可能性について国民健康保険課で研究を開始した。

　外部化するに当たり
　ⅰ　民間事業者の創意工夫やノウハウにより、多様な手続きに対応
　ⅱ　窓口の混雑状況や事務処理の繁閑に応じた柔軟な人員配置や接客水準
　ⅲ　区民の待ち時間の短縮といったサービス向上を目指す
　ⅳ　職員は本来行うべき審査・判断業務や各種調整業務に注力することで、より政策的、戦略的な行政運営の推進

といった点に注意し検討を行った。国保における国民健康保険証の発行といった「公権力の行使」の領域に関する検討も同時に行うこととした。

② 委託可否の検討
　国民健康保険業務の委託についての研究は、NTTデータの協力を得て足立区と共同で行った。検討に当たっては、既存マニュアル分析と職員へのヒアリング、処理時間や年間処理件数を把握するための業務分析シート作成な

どを行った。その結果90％以上の業務が委託可能との結論を得たため、足立区は、国民健康保険業務の外部化を決定した。

③ **委託準備**

業務分析結果に基づき2013年8月情報提供依頼（RFI）を実施、その後提案依頼（RFP）を実施し、事業者をNTTデータと決定し、契約締結した。

契約締結後の国民健康保険業務外部化の全体的なスケジュールは以下のとおりである。

　2014年度委託準備：一部業務の業務分析とフロー・マニュアルの作成
　2015年度：一部業務を派遣で行いながら、2014年度未着手の業務分析
　2016年度：国民健康保険課の委託対象業務すべてを開始

④ **業務分析**

業務分析は、事業者が担当職員からヒアリングを行い、フローとマニュアルを作成、その後、職員がフロー、マニュアルを確認し、誤り等があれば修正していくという一連の流れで行った。事業者はフロー、マニュアルを作成し、その精度を上げていく中で業務理解を深めていった。

フローやマニュアル作成が進んでくると、業務可視化がなされ、今まで明確でなかった判断基準やあいまいなルール等の標準化がされた。さらに各係が行っている類似業務の処理（郵送処理、入力確認等）について、処理がばらばらであったものを統一した。

フロー、マニュアルの完成後、それらを使って実際に業務ができるかを確認するため、事業者が単独で窓口や事務処理を行う試行運用テストを実施、本番へと移行した。

課題であった「公権力の行使」に関しては「決裁を伴う業務」と整理し、各種決定は職員が行うなど適切なタイミングで職員が関与している。具体例として、保険証の交付は、窓口で申請書類を受け取るのは事業者が、内容の適否の判断及び交付の決定（公権力の行使）は職員が行い、職員の承認後保険証を出力、交付するのは事業者という流れで、補助業務と公権力の行使を分類している。

⑤ **課題と業務の見直し**

国民健康保険課の委託範囲は広範囲に及ぶため、事業者の業務理解は広く深いものとなるため、当初から苦戦が予想された。管理者は他自治体での国保業務経験者が多数を占めていたが、足立区独自の運用ルールやシステムの

図表3－3　国民健康保険業務加入手続きフロー

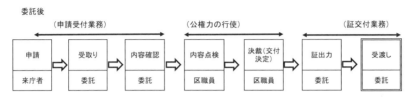

※委託後は、資格取得業務と一連の業務とはせず、申請受付、公権力の行使、証交付業務と業務を分割した。

操作など未経験の領域も多く習熟するのはかなりの労力が必要である。

対策として、職員からの業務移管は水平移管（職員の処理をそのまま覚える）を基本とし、業務改善は委託開始後に行うこととした。理解が不十分なまま業務改善に着手することのリスクを避け、運用の安定を優先する移管体制とした。

また、既に述べた類似業務の統一処理に加え、可能なものは運用ルール（書類管理の方法、鍵管理、金券管理等）を統一化することで管理者の負担軽減と職員側の業者管理の負担軽減を目指し事業者と職員が協議して「国民健康保険課共通ルール」を定めることとした。広範囲な委託を実現するため、「覚えるべきことはなるべく少なく、ルールはシンプルに」を合言葉に業務分析、業務移管の最適化を目指した。

(2) 業務概要
① 課題と業務改革

委託検討時の考え方として、「委託可能な業務はできる限り委託する」を基本とし、「公権力の行使」を除く業務を委託した。主な委託業務範囲は図表3－4のとおりである（すべて補助業務）。

② 業務履行場所・執務環境

事業者の履行場所は、国民健康保険課事務室内の一部を使用し、業務を行っている。いわゆる偽装請負の疑念を招くことのないよう、区職員のスペースと事業者のスペースを簡易パーテーションで分離し、視覚的にも受託

図表３－４　委託業務範囲と具体例

庶務業務	証明書発行業務、郵送業務、統計関連業務等
資格賦課業務	国民健康保険加入喪失業務、保険料賦課業務、保険料決定通知発送業務
収納管理業務	保険料収納業務、保険料還付業務、保険料消込業務等
給付業務	高額療養費支給業務、出産育児一時金支給業務、限度額認定証発行業務等
滞納整理業務	滞納整理一次受付業務、財産調査業務等
保健事業業務	特定検診受診券発行・発送業務、特定検診受診啓発業務等
システム管理業務	各業務システムID管理業務、システムメンテナンス業務等

※滞納整理業務は職員が中心として行うこととし、事業者は、窓口受付業務と財産調査の入力事務等を行うことに変更した。

事業者の業務スペースと区職員の事務スペースを分けている。さらに、区職員と事業者の見分けがつきやすいように身に付ける名札のストラップの色を分けるなど細かな工夫を行い、適正な委託の体制を構築した。

　現在、事業者の従事者数が100名前後と多いため、休憩室、ロッカールーム等を用意し職場環境の整備も行った。

③　運用開始直後の課題

　2016年度にすべての業務の外部化が開始された。当初は不慣れによる混乱が見られたが、徐々に運営は安定してきた。

　特に窓口業務に関しては、民間のノウハウを生かした人材配置により混乱は数週間で収まった。半年後には、待ち時間は職員対応時よりも短縮され、目に見える効果が表れてきた。

　内部事務に関しては、例外処理が多い事務は習熟に時間がかかったが、1年後には安定し、ミス率（一時入力後の点検で発見されるミス）も職員処理時より減り、習熟度も上がってきた。

（３）成果
①　コストメリット

　成果としては、削減された職員の人件費と委託経費との差がコストメリットとして挙げられる。具体的には、常勤職員や非常勤、臨時職員（いわゆるアルバイト）で90名程度削減した結果、本契約期間の5年間で約1億円程度のコストメリットが想定される。

②　業務の可視化

　業務の可視化は担当者ごとに違っていた事務処理手順を統一する、判断基

準を明確化するなど、今まであいまいであった処理を標準化できたことは、大きな成果である。

③ サービスレベルの向上

サービスレベルの計測についても可能な限り、見える化した。

職員が行っていた事務処理について、待ち時間やミス率などを計測し可能な限り数値化を行い、目標値として設定することでサービスの質の目標値とした。

具体的に目標値として設定したものは、「待ち時間」「ミス率」「習熟度」であり、現在すべての目標値で職員と同等以上の成果を上げることができている。特に窓口での待ち時間は、目標値の平均7分程度が2分程度へと大幅に短縮した。待ち時間短縮の副次的な効果として、繁閑時における待ち時間差が小さくなり、来客数の増加に比例して待ち時間が増えていくという状態が解消され、安定した窓口サービスの提供ができている。

ミス率や習熟度についても同様、目標値を上回っている。事業者も目標達成のためダブルチェックの徹底や自主的な業務勉強会の実施などを行い、目標達成の取組みが委託品質の向上に寄与している。

（4）今後の課題

○ 職員のスキル維持・向上

業務委託に伴い国民健康保険課の職員が大幅に削減されたことにより、少数精鋭の組織となる必要があり、とりわけ職員一人ひとりには国民健康保険業務全般の知識が必要となっている。今までと違い、事務処理が早い職員ではなく、大きな視点で判断ができる職員、事業者との調整をできる調整力などが求められる。そのため、4年を基本とした人事異動サイクルの中では職員の業務ノウハウや必要なスキルを獲得することが難しいため、中長期の在職を可能とするとともに、人事異動の転入者は、即戦力となる業務経験者の配置が不可欠となっている。

また、委託が長期間に及ぶと事業者が持つ業務知識と職員が持っている知識に逆転現象が起こることが予想される。発注者としての区の責任を果たすためにも、業務フローやマニュアルの版管理、手順変更時のマニュアル等の更新のルール化など、継続していくための取組みが課題となっている。

（加藤鉄也）

5 会計管理業務の委託

(1) 経緯
① 外部化の動機
　日本公共サービス研究会（2012年7月）への参加自治体に対して「外部化したい業務」のアンケートを実施した結果、会計管理業務は多くの自治体から検討すべきテーマであるとの意見が出された。当区では、本業務が戸籍事務における身分関係の形成や国保における資格・賦課のような「公権力の行使」の領域がない業務であり、専門的な知識が必要とされる一方、定型的な部分も多いため外部化になじむ業務であると考え外部化への検討を始めた。

② 委託可能な業務の抽出から予算措置に至るまで
　2013年4月から6月初旬、職員により会計管理室の全業務の内容・処理件数・処理時間等を「業務分析シート」に記入し、業務の洗い出しを行った。

　6月中旬、国・自治体等において業務の受託経験のある民間事業者が、無償協力者として「業務分析シート」に基づき職員とのヒアリングを実施し、委託可能な業務の抽出作業を行った。その際、必要に応じて職員作成のマニュアル・資料等を提示し、業務の詳細についてのヒアリングが進められた。

　7月初旬、協力事業者から受託が可能と思われる業務が示され、意見交換した上で、受託可能とした業務について、職員が処理件数・処理時間等を精査し、委託業務量を算定した。

　その後、協力事業者から、委託業務量から試算した所要人数のシミュレーションと委託経費の概算見積りの提出を受けるとともに、削減できる職員人件費と委託経費の差であるコストメリットを算定した。

　7月中旬、並行して複数の事業者（人材派遣系事業者）に打診し、「業務分析シート」を提示し、受託の可否判断をはじめ所要人数、委託経費等の意見を聴取した。

　同月、区長をトップとする経営会議にて、委託の業務範囲、経費、職員削減計画等を示し外部化を政策決定するとともに、翌月には議会へ報告を行い、同年9月補正で委託期間の経費の債務負担行為を計上した。

　委託期間は、2014年4月1日から2018年9月30日、4年6か月とした。委託期間の終期は、会計管理業務の多忙時期である年度末を避け、次期、契約更新時に受託事業者が変更された場合にも混乱なく引継ぎが可能となる年度

途中の9月末日を設定した。

③ **法的整理**

　法的整理について法律の専門家からは、地方自治法第170条（会計管理者の職務権限）、第171条（出納員及び会計職員）の職務権限に属する業務の補助的な業務であれば、委託は可能であるとの意見をいただいている。

　また、内閣府は次のとおりの見解を示している。

「審査業務や出納事務を民間に委託することについては事務の性質上困難である。なお、会計事務のうち、法令上の権限自体ではなく補助的な業務については、民間事業者を活用することも可能である。」（2014年度：内閣府「公共サービス改革基本方針」の見直しに関する意見に対する総務省回答）

（2）業務概要

① **委託の進め方**

　1年目の2014年度の1年間を準備業務と位置付け、受託事業者が業務手法や工程を調査分析の上、業務フロー・マニュアル等を整備した。同時に業務改善とともに会計関係書類等を簡素化しつつ業務の標準化を進め、過不足のない最適業務への展開を目指した。加えて、翌年度の部分稼働に備えて、業務従事者を育成する準備期間とした。

　2年目の2015年度は、常勤職員4人を削減し、その人員に相当する業務量分として、支出命令書等の点検・確認（審査補助業務）を中心に委託の部分稼働を開始した。

　3年目の2016年度は、更に常勤職員5人を削減し、委託対象とした残る業務のすべての運用を実施した。2年をかけて常勤職員9名を削減し、会計管理室業務の約5割の業務を委託した。

② **委託業務内容**

　委託業務は、会計管理業務のうち法令上の権限を有しない定型的な業務であって、マニュアルに基づき民間事業者が対応できる内容である。主な業務は次のとおりである。

　ⅰ　点検・確認業務

　　支出命令書や請求書、精算書等の記載内容の点検並びに金額積算の検算等、国庫金・都支出金等の入金状況の確認、収入計上に要した関係書類の内容点検並びに金額積算の検算など

図表3-5 支出命令書の点検・確認業務のフローチャート

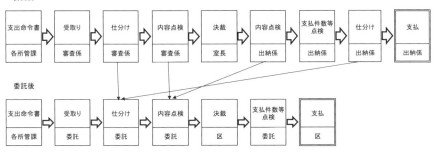

※審査係と出納係の2係で行っていた「仕分け」「内容点検」の業務を統合した。

　　ⅱ　集計業務
　　　支出命令書等の取扱件数、税等公金の収納件数等の集計や統計業務
　　ⅲ　データ作成業務
　　　会計管理室と各所管課の間での書類授受記録データ作成、源泉徴収所得税の支払準備データ作成など
　　ⅳ　書類管理業務
　　　会計管理室に搬入される支出命令書等の受付管理業務など
　③　**業務履行場所・執務環境**
　　受託業務の履行場所は、庁舎内の会計管理室の一部を使用している。いわゆる偽装請負の疑念を招くことのないよう、区職員のスペースと簡易パーテーション等で完全に分離し、受託事業者の業務環境の独立を確保している。受託事業者の受付には、社名を表示するとともに「会計事務センター」と呼称している。

(3) 成果
① **コストメリット**
　成果としては、削減された職員の人件費と委託経費との差がコストメリットとして挙げられる。具体的には、常勤職員定数を9名削減した結果、本契約期間の4年6か月間で約2,800万円のコストメリットが試算されている。
② **業務の効率化・標準化**
　業務手法・業務工程を詳細に調査分析することにより、潜在的な非効率要素を洗い出した。例えば、従来、審査係と出納係の2係で行っていた支出命

令書の点検・確認業務での重複項目を統合するなどの効率化を図った。また、担当者ごとに異なった判断となりがちな業務についても、可視化しマニュアル整備することにより標準化が進められた。

③ **会計管理室と各所管課の役割の明確化**

公金の支出に当たって、支出命令書や請求書、精算書等の内容チェックは内部統制の一つの機能であるが、委託に伴い会計管理室に搬入すべき支出関係書類を支出の類型ごとに明確化し、必要最小限に留めるとともに支出命令書と請求書等は原本、それ以外はコピーとした。

その他の書類については、各所管課が責任を持って自己点検・確認することとした。各所管課では、支出原議をはじめとする会計関係書類の原本管理を徹底することになり、内部統制における会計管理室と各所管課の役割の明確化が図られた。

④ **書類の紛失リスクの減**

会計管理室と各所管課との間で授受する年間10万件を超える支出関係書類について、対面受付や返戻時の受付簿を導入することにより、書類の所在が明らかになり、書類の紛失リスクが低減された。

（4）今後の課題

○ **職員のスキル維持・向上**

業務委託に伴い会計管理室の職員が半減されたことにより、少数精鋭の組織となる必要があり、とりわけ職員一人ひとりには会計管理業務のスキル維持・向上が従来に増して求められている。しかしながら4年を基本とした人事異動サイクルでは、スキルの維持・向上や継承に支障をきたすことが危惧されるため、中長期の在職を可能とするとともに、人事異動の転入者は、即戦力となる会計実務の経験者の配置が不可欠となっている。　　　（登川俊彦）

6 進化する自治体を目指して

① **全国の自治体が協創する時がきた**

日本公共サービス研究会設立の目的は、アウトソーシングを進めると同時に、アウトソーシングの準備期間の短縮やコストを削減するため、そのノウハウを蓄積し共有化することである。

私たちは苦い経験をしている。それは、コンピュータの導入だ。
　コンピュータの導入も自治体職員の仕事を置き換えるために業務を「見える化」するという点では、相手が人間か機械かの違いはあるが、アウトソーシングと何ら変わらない。
　そのコンピュータだが、利用している自治体の数だけソフトウェアが存在すると言っていい。メーカーは標準パッケージを用意しているが、自治体がそのまま使うことはなく、カスタマイズと称して自分流にアレンジしてしまう。同じ法律で仕事をしているはずなのに、つまり、結果は同じなのに途中経過が自治体ごとに違うのである。
　例えば、メーカーが1億円で作ったパッケージがあるとする。これをメーカーが自治体に1千万円で売り、自治体は5百万円でこれをカスタマイズするとしよう。全国の自治体でこれを導入したら、1700自治体×1千5百万円＝255億円もの費用がかかる計算になる。
　さらに、問題なのはシステム開発（業務分析、基本設計、詳細設計、製造）に自治体もメーカーも莫大な人手を使っていることである。
　同じ法律で仕事をしているのに、あらためて何を分析し、設計し、何を作ろうとしているのか？　同じ法律で仕事をしているという利点を活かせば、それぞれの自治体の負担は1/1700で済み、全国自治体で年間数千億円に及ぶコンピュータ経費を1/2、1/3にすることは容易だ。
　日本は、第四次産業革命の主軸であるAIをはじめ、IoT、ビックデータ、ロボットなどの分野で、欧米に比べ周回遅れだと言われているが、原因は、これら主軸を支える人材不足にある。
　自治体のコンピュータシステムのパッケージ化、クラウド化を進めれば、多くのエンジニアをAI等の開発に回すことができる。

② **アウトソーシングと人材派遣の違い**

　業務の「見える化」が可能になっても、人間系はコンピュータソフトのようにコピーできないので、教育訓練費がかかる。これは職員がやってもアウトソーサーがやっても同じだけ時間と費用がかかる。しかし、アウトソーサー同士で競争が生まれるようになると、職員と違って、業務改革と経費の節減が進む。なぜ、職員では業務改革が進まないのか？　それは、長い間、進化を拒んできた歴史を見ても明らかなように、競争がないからである。
　昨年の仕事を今年も、今年の仕事を来年も、という仕事では進化は期待で

きない。掛け声だけかけても改革は進まない。アウトソーシングによって、初めて自治体は進化を遂げることになる。

　それにはアウトソーシング（法律上の請負）が馴染む。直接雇用や人材派遣では、自治体側からの指揮命令が可能なので、当面の仕事には困らないが、指揮命令が実は、進化を阻む要因になるからだ。

③　AIの登場

　日本公共サービス研究会でもAIの導入が議論されるようになってきた。ある市で保育園の入園選考事務をAI化したところ、職員が実施した結果とほぼ同様の結果が得られ、これまで残業続きの数週間の仕事が、わずか数秒で終わったという。1つのアルゴリズムを覚えさえすれば、たちどころに結果を出すのがコンピュータの仕事だ。

　しかし、この例ではAIの仕事を職員が検算しているので、コストメリットも時間的メリットも何もない。いや、コスト的にはAIの費用だけ増加している。メリットを出すため当然、職員の検算は廃止されることになるだろう。

　そして、AIは職員が予想できない最適解を自分で探し始める。

　2045年、コンピュータはシンギュラリティ（技術的特異点）に達し、その能力が人間の知能を超えると予測されている。AIの下した判断に人間が不服を申し立てたら、AIはどう説明するのだろう？　人間より説得力ある説明ができるのか？

　そういう時代が近づいていることは確かなようだ。

④　進化を促す法律へ

　アウトソーシングによる進化を阻む大きな要因が「法律」である。そもそも現在の法律は、役所の仕事は公務員がやることを前提に作られているのだから無理もない。

　そこには、公務員は裁量的な判断をすることができるという考え方が根底にある。どんなに精緻な法令を作っても必ず例外はあるものだ。例外が出てきたとき、法令で「その他、○○長が認めたとき」を入れるか、「○○長が決定する」と定めておけばいい。これで例外がなくなる。前のページで、コンピュータの導入では「結果は同じなのに途中経過が自治体毎に違う」と評したが、こうした裁量的な判断を許したために、「自治体毎に結果も違う」こともあるわけだ。

逆に言えば、法令が予定しているものは公務員が判断しても、誰が判断しても同じなので委託できる。法令が予定していないものは、公務員が判断しなければならないので委託できない。この二つを一緒にして、委託できるものもできないとする（進化を阻害する）法令があるとすれば、それは見直していかなければならない。

　もっとも、同じ法律なのに自治体によって判断がまちまちなのはおかしいという指摘もある。結果に不服のある場合、現在は審査請求や司法裁判によって救済される道があるが、このような矛盾もAIによって解消される日が来るだろう。

　10～20年後、AIの進歩によって公務員（行政事務員）の仕事はなくなると言われている。公務員の仕事は法律を守ることではない。まして、法律を使ってAIから公務員を守ることでもない。公務員の仕事は法律を使って国民、住民を守ることだ。

　だからこそ、私たちは国民、住民を守るため、法律も進化させなければならない。

（定野司）

第4章 自治体の会計部門及び内部監査部門における業務改革等
―― 岩手県における取組み事例を基に

会計検査院第2局厚生労働検査第1課　副長
（前・岩手県出納局会計指導監）清水　雅典

■ はじめに

　2017年6月、「地方自治法等の一部を改正する法律」（平成29年法律第54号）が公布され、都道府県等における内部統制の制度化、監査制度の充実強化等が図られることとなった[1]。総務省によれば、内部統制体制とは、「地方公共団体における事務が適切に実施され、住民の福祉の増進を図ることを基本とする組織目的が達成されるよう（中略）行政サービスの提供等の事務上のリスクを評価及びコントロールし、事務の適正な執行を確保する体制」であるとされている[2]。

　そして、事務を執行する主体内部統制体制の整備の対象は「財務に関する事務」等であり（地方自治法（昭和22年法律第67号）第150条第1項第1号等）、財務に関する事務とは、予算の執行、収入、契約、現金の出納保管、財産管理等の事務を指すとされている[3]。予算の執行や契約等が含まれるということは、都道府県等のすべての部局に関係することとなるが、予算の執行、契約、調達等の事務について適正な執行を確保するためには、公金の収入・支出、資金管理等の業務を担う「会計部門」及び会計事務指導、内部監査等の業務を担う「内部監査部門[4]」の役割が特に重要である。

　筆者は、2016年4月から2018年3月まで岩手県出納局会計指導監を務め、岩手県における会計事務の適正化、国庫補助事業等の適正執行等を推進する

1　改正内容等の詳細については、「地方自治法等の一部を改正する法律について」（2017年12月総務省公表資料）参照。内部統制に関する方針の策定については2020年度からの実施が求められている。
2　前掲「地方自治法等の一部を改正する法律について」参照
3　地方自治制度研究会（2018）p.24参照
4　自治体における「内部監査部門」の定義は必ずしも明確に定まっておらず、監査委員による監査を内部監査と捉えるもの、会計部局等における事務指導、検査等を内部監査と捉えるものなど、様々な考え方があるが、本稿では、会計部局による事務指導、検査等を「内部監査」とし、これらを実施する部局を「内部監査部門」と整理する。

ため、会計部門及び内部監査部門の強化や体制整備、業務の改善・見直しなどにかかわった。本稿ではこれらの取組みを振り返り、今後同様の取組みを進めようとする自治体にとって参考となるよう、取組みを進める際の要点や課題等について論ずることとしたい。

なお、本稿中意見にわたる部分についてはすべて筆者の個人的見解であり、現在及び過去の所属の見解ではないことをあらかじめお断りしておく。

1 会計部門及び内部監査部門において業務改革・業務改善が求められる背景

自治体は、2005年に総務省が打ち出した「集中改革プラン[5]」に基づき職員数の削減を進めてきた。2005年度からの5年間での都道府県全体の削減数は8万人超となっており[6]、各都道府県の会計部門及び内部監査部門の職員も削減されることとなった。

一方で、2007年から約3年間にわたって、会計検査院がすべての都道府県及び政令指定都市65団体（当時）における国庫補助事業の事務費等について検査を実施したところ、全自治体において「預け金」等の不適正な経理処理が明らかとなった。この「預け金」問題は当時新聞・テレビにおいて盛んに報道され、自治体の会計経理に対する国民の関心が高まった。本件に関する会計検査院の指摘を受け、各都道府県等は同種事態の再発防止に向けた各種取組みを行った[7]。このような取組みを進めるためには、当然会計部門及び内部監査部門の強化が必要となるが、上記のとおり各自治体とも職員数削減を進める中で、再発防止のための枠組みは整備したものの、枠組みを十分機能させるための人的資源の投入が困難であったという実態がある。

このように、自治体の会計部門及び内部監査部門の職員削減が進められる一方、会計経理の適正化に向けたチェック体制の強化が求められてきた歴史

---

5 「地方公共団体における行政改革の推進のための新たな指針」（2005年3月総務事務次官通知）参照。集中改革プランの内容としては、「民間委託等の推進」「定員管理の適正化」等が挙げられる。
6 「集中改革プランの主要な取組状況」（2010年11月総務省公表資料）における2005年4月時点の全都道府県の職員数計（約160万人）に対する5か年の純減率（5.3％）を基に算出している。
7 各都道府県における不適正経理の実態、再発防止に向けた取組み等については会計検査院（2010）参照

がある。そして、前記のとおり、今後内部統制体制の整備等が求められ、その役割は更に重要となるが、職員の大幅な増員が困難な中で、業務改革・業務改善等の取組み（以下、本稿において「業務改革等」という）を推進し、効率的・効果的な業務体制を構築していくことがすべての自治体において不可欠になると考えられる。

2 岩手県における業務改革等の取組み

（1）岩手県の会計部門及び内部監査部門を取り巻く状況

　岩手県では、前記の都道府県の平均純減率を上回る職員数削減が進められ[8]、会計部門及び内部監査部門[9]でも大幅な職員削減が行われた。そして、2010年頃までの集中改革の取組みを終えて間もない2011年3月に東日本大震災が発生したのである。

　岩手県では、会計部門の大幅な削減により、会計経理や内部監査の実務等に精通した職員が減少し、会計部門の弱体化が問題になりつつあった中で東日本大震災が発生した。その後、復旧・復興の取組みが進められる中で予算規模や業務量が短期間に急増することとなった。例えば、岩手県の2009年度の当初予算額は約6,500億円であったが、震災後の2012年度には約1兆1,100億円となっており、2016年度まで毎年度1兆円超、2017、18両年度も9,500億円超の予算規模となっている[10]。

　これだけの予算規模となったため、従前の体制では急激に増加した復興事業等に対する十分なチェックが行えず、様々な問題が生じる結果となった。特に、岩手県が補助事業者（県内の山田町が事業実施主体）となり実施した緊急雇用創出事業において、同町が業務を委託した「特定非営利活動法人大雪りばぁねっと。」が多額の補助金を目的外に使用するなど不適正な経理を行っていた事案は新聞等でも大々的に報じられ、復興予算の使途に関する国民の関心が高まる契機となった[11]。

8　前掲「集中改革プランの主要な取組状況」によれば、岩手県の純減率は7.7%である。
9　岩手県の場合、出納局（出先機関を含む。以下同じ）に公金の収入・支出等を担う部署があり、各部局の総務部門等に事業の支出負担行為等の経理を担う部署がある。本稿ではこれらを会計部門としている。また、出納局には会計事務指導や内部監査等の業務を担う部署も設置されており、本稿では当該部署を内部監査部門としている。
10　「平成30年度当初予算のあらまし」（2018年2月岩手県公表資料）p.3参照

このように、職員数の大幅な削減と、前記の会計経理の適正化に向けたチェック体制の強化に加え、震災後の業務量の急増への対応が求められる過程において復興予算の不適正使用が明らかとなるなど、岩手県における会計部門及び内部監査部門の業務改革等は当時の喫緊の課題となっていた。

（２）会計部門における業務改革等
① 課題・リスクの洗い出し
　業務改革等を進めるに当たってまず取り組むべきは、課題・リスクの洗い出しを関係者全員で行い、改善すべき点を明確にすることであった。

　この洗い出しを行い、議論を重ねた結果、まず会計部門において様々な課題等が浮き彫りとなったが、それらを解消・改善していくために最も必要となるのは、世代を超えた「専門的知見等の伝承」と疑義が生じた場合の「確認・相談体制の充実」である、という意識を持つに至った。そこで、これらの実現のためにどのような取組みを実施したのか、以下具体的に論じたい。

② 専門的知見等の伝承
　職員数削減や、大量採用された世代の定年退職等により、会計経理に精通した職員が減少していく中で、中堅・若手職員に対してどのように専門的知見や実務上の要諦等を伝えていくかという課題は、いずれの自治体においても重要な課題となっているものと思料される。

　岩手県においてまず取り組んだのは、会計事務に携わる職員向けの研修の充実であった。研修の充実と言えば、誰もが思いつく手段ではあるが、単なる研修科目の増加だけでは全く意味がない。重要なのは、職員のニーズとレベルに適応した研修を設定するとともに、単発で終わることなく、体系的・系統的な研修を実施することである。具体的には、実際に各職員がどのような部分の知識が不足し、会計経理に携わる上で、不安を感じているかなどをアンケート調査等により把握するとともに、それらに対応するための研修を、時期等も含めて柔軟に実施するという取組みが求められる。

　そして、会計部門での業務経験年数等に応じた複層的な研修を行ったり、専門科目の選択制を導入したりすることにより、各職員が知識不足と感じている分野や専門性を高めたい分野に特化した受講が可能となるようにすることが重要である。さらに、一人でも多くの職員が受講しやすいよう日時を分

11　詳細については、「山田町NPO事案の再検証報告書」（2016年3月岩手県公表資料）参照

けて県内の地域ごとに同内容の研修を行うなどの配慮も必要となる。

また、これらの取組みを行っても、結局のところ、研修を行う講師が専門的な知見等を有し、かつ、それらを受講生に対して的確に伝え、受講生を啓蒙する力を持ち合わせていなければ十分な効果は見込めない。業務改善や職員の能力向上を標榜して研修を増やしても十分な効果が現れないのは、専門的な知見の有無に関係なく、ただ何らかの役職に就いているという理由のみで講師を選任したり、知見は有しているものの、講師としての指導力や説明能力等が十分でない職員に講師を任せたりしている場合が多い。

したがって、我々は、研修講師を務める職員の専門性を高める教育はもちろんのこと、講師としての説明能力等を向上させるため、外部の専門家を招へいし、講師向けのプレゼンテーションスキル向上に関する研修を行うなど、まず「講師自体を育成すること」を重視したのである。

業務改善を進めるためには、まずは個々の職員の能力向上、特に専門的知見の確保が不可欠となるが、このような一連の取組みによって一定の成果が上がったと考えている。専門的な知見を有している一部の職員から、周囲の部下たちのみに対して徒弟制度的に知見を伝承していくという旧来のやり方では対応できない状況下では、このように真の意味での研修制度の充実を図ることは不可欠であると考えられる。

③ 確認・相談体制の充実

上記②と密接に関連する課題でもあるが、会計実務上疑義が生じた場合、その解消を図るため必要な確認・相談を適切に行える体制も業務改革等を進める上で重要である。なぜならば、そのような疑義を解消するために要する時間とコストは意外と大きく、効率的に業務を行う上での大きな支障となるからである。

また、筆者は過去の経験から、不適正経理の発生における大きなリスク要因の一つは、「適時・適切に相談できる体制がないこと」だと分析している。すなわち、会計上の問題が発生した場合、その原因を詳細に確認していくと、担当者レベルでは、自身の経理処理の問題がある可能性に気付いている場合が多いのである。

しかし、膨大な業務を処理している中、その適否について確認するための指針がなく、周囲に相談できる体制がないと、「(疑義はあるものの)とにかく処理を進めよう」「もし問題があれば誰かが気付いてくれるだろう」とい

う意識に陥り、不適正な状態が是正されず、最終的に大きな問題となるパターンが多い。

このような問題意識に基づき、我々はまず、会計経理における実務上の要点やミスが生じやすい点等をまとめた資料、すなわち実務指針を組織全体で共有することとした。県の会計実務上の指針となる例規集等は、過去には書籍として刊行されていたこともあったが、近年は存在しておらず、その必要性が叫ばれていた。

このような実務指針を、業務改善という点を重視しつつ作成する際のポイントとして、会計実務の全体像が見渡せるよう一覧性を高めるとともに、ミスが発生しやすい点とその防止のための手続き等を強調し、辞書的な使い方もできるようにすることが挙げられる。さらに、電子データとしても見やすく、かつ印刷・製本も容易にできるような形式にして利便性を高めるとともに、会計規則の改正等があった場合に容易に加除ができるような構成にしておくことも重要である。

また、実務指針の作成とともに我々が重視したのは、相談体制の充実であった。岩手県では、一般的な会計事務についての相談を受ける体制は従前からあったが、前記のとおり、震災以降事業量が急激に増加する中で、大規模な国庫補助事業の会計経理を中心に、複雑な処理や前例のない判断を求められる事案が増加した。

そこで、筆者が中心となり、各部局において事業の執行上会計面で疑義がある場合は、出納局が行う支出審査等の前後を問わず、専門職員に対して随時相談・協議を行える体制を構築した。このような相談体制の整備という改革を通じて、大規模事業を行う際の会計面のボトルネックを早期に解消できるようになった。

そして、これらの相談事項と、それに対する回答は、今後同種事業を実施する他部局においても重要な知見となることから、これらを蓄積し、「質疑応答集」として取りまとめ、各部局に展開するという取組みも行った。このような取組みは、業務改革等の効果を全庁に波及させることができるため非常に有益である（以上の取組みについて、図表4－1参照）。

(3) 内部監査部門における業務改革等
① 課題・リスクの洗い出し

続いて、内部監査部門の業務改革等についてである。前記（2）①と同様

図表4−1　確認・相談体制の充実

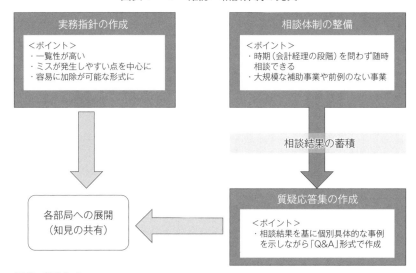

出所：著者作成

に課題・リスクの洗い出しを行った結果、我々が業務改善のため特に必要と考えたのは、「内部統制体制を意識した内部監査システムの見直し」と「より効率的・自律的なチェック手法の導入」である。以下具体的に論じたい。

② **内部統制体制を意識した内部監査システムの見直し**

内部監査を強化するという議論においては、往々にして新たな内部監査手法やチェックシステムを導入するという制度の新設を指向する場合が多い。しかし、真に新たな制度が必要なのか、既存のチェック体制はどうするのか、という点について一度立ち止まって検討する必要がある。

岩手県の場合、内部監査等に関する仕組みとして、岩手県会計規則（平成4年規則第21号）第179条等に基づいて出納局が行う会計検査（書面検査及び実地検査）、各部局の総務部門及び出納局が、事業の執行状況の適正性等について事業実施期間中にチェックする内部考査（特定テーマを選定しての内部考査及び監査指摘を踏まえた再発防止策の策定状況確認のための内部考査）等、数多くの制度が存在している（図表4−2参照）[12]。

---

12 「いわて県民計画第3期アクションプラン〔行政経営編〕」（2016年2月岩手県公表資料）p.25 等参照

図表 4 − 2　岩手県における内部監査に関する各種制度

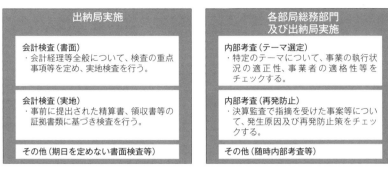

出所：著者作成

　そして、岩手県以外の都道府県も同様であるが、上記と同様の内部監査や監査委員の監査のほか、会計検査院による会計検査、財務省による予算執行調査、各府省による国庫補助事業の実態調査等、様々な調査等を頻繁に受けているという実態がある。

　このように、現在、自治体を取り巻く状況として、各事業実施部門や会計部門が様々な検査・調査等を受け、その対応に多くの時間を費やしており、一部ではいわゆる「監査疲れ」という状況が見受けられるほどである。

　内部統制を含め、会計経理等の適正化に向けたチェック体制強化という流れの中で、我々がまず冷静に考えなければならないのは、既存の制度下でどのようなチェックの仕組みがあり、そこに新たにチェックシステムを加えることによってどのような効果を期待するのか、という点である。この点を明確にしないままに新たな制度を創設した場合、監査等を実施する側・受ける側ともにコストのみが増加し、そちらに人的資源を割くため、従前のチェックシステムまでもおざなりになるという悪循環に陥る可能性がある。

　このような考えの下、岩手県では、内部統制体制の整備に当たっては、可能な限り既存の内部監査制度を活用して内部統制システムを構築するという方向性を示した。すなわち、これまで会計経理等に関して何らかの問題が発生する度に新たなチェック制度を設けて対応してきたという側面もあることから、内部統制体制の導入を機に全般的に見直し、可能な限り統合・スリム化を図るとともに、簡素で実効的な内部監査体制の整備を目指したのである。こうした取組みは、業務改革等の観点からはもちろんのこと、組織全体のパ

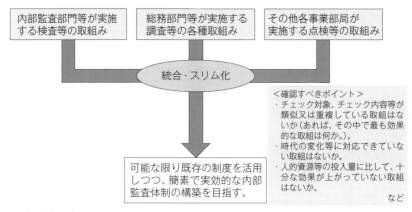

図表4−3　目指すべき内部監査体制

出所：著者作成

フォーマンスを常に維持し、向上させる持続可能な内部統制システムの構築という観点からも重要であると考えられる（図表4−3参照）。

③　より効率的・自律的なチェック手法の導入

　内部監査において不適正経理等のチェックを効率的に行うためには、各所属における自己チェックの仕組みを活用することも重要である。監査委員による監査や内部監査で複数年にわたり連続で指摘されているような定型的な過誤等は、各所属内においてチェックを行い、チェック結果を内部監査部門に報告するなどの効率的な形態とすれば、内部監査部門の負担軽減が図られ、結果として他分野の監査等に人的資源の投入が可能となり、業務改革等にもつながる。

　岩手県においても、過去から不適正な会計経理の未然防止のため、「会計事務自己点検」を実施しており、各所属の所属長自らが一定のチェック項目について確認を行い、その結果を出納局が取りまとめるなどの取組みを実施していた。

　しかし、内部統制体制の整備等を意識するならば、各所属におけるチェックの自律性をより高める必要性があるとの結論に至ったため、他県の取組み等も参考にしつつ、出納局が一律に設定した項目に基づいてチェックを行うという仕組みを見直し、一部の項目については、自らの所属で不適正事案の発生リスクを考慮し、当該リスクに合わせた点検項目を自ら設定できるよう

にした。このような自律的なチェックを可能とすることによって、所属ごとの特性や実情等に応じたリスク回避策の設定につなげることができた。さらに、先進的なチェック項目の設定を行った所属の取組みを、同種のリスクが想定される他所属に適用させるなどの展開も可能となった。

このような自己点検の取組みの改良等は、内部統制体制の中で自律的なチェックシステムを構築する際に大いに参考になるものと考えられる。

3 業務改革等に対する組織としての意識共有の重要性

上記のとおり、会計部門及び内部監査部門の業務改革等のための枠組みや制度等について説明してきた。しかし、これらの枠組みや制度の構築が進んでも「仏作って魂入れず」の状態では効果が期待できない。真の意味で業務改革等を実現するためには、枠組み等に加えて、組織の構成員全体の意識が重要となるのである。

すなわち、会計経理の適正性を確保することの重要性と、そのためになぜ会計部門、内部監査部門等における業務改革等が必要となるのか、その目的・意義を明確にするとともに、それらを組織全体として共有する必要がある。

岩手県の場合も、事業実施部局は膨大な業務の処理に追われ、細かな会計経理まで十分フォローできない状況が生じつつあった。しかし、復興予算の使途について国民・県民の関心が高まっている中、わずかな事務懈怠やミスが会計上の大きな問題となり、県全体に波及する可能性があることは過去の「預け金」問題の歴史が証明している[13]。

筆者は、在任中このような点を繰り返し説いてきた。特に、これらの点を各所属の管理職に対して意識付けることを重視し、そのために管理職向けの研修会等を積極的に開催した。管理職が正しい意識を持てば、それは所属全体に浸透するからである。

真の業務改革等を達成するには、上記のように、その目的・意義を明確に示しつつ、組織全体として意識を共有できる環境を整備することも不可欠である。

---

13 「預け金」問題が各県の行政運営等にどのような影響を与えたかについて、拙稿（2013）p.83－87参照

結びに代えて

　以上のように、岩手県における会計部門及び内部監査部門の業務改革等について、具体的な事例を示しつつ論じてきた。本稿で論じた取組みの中には、まだ道半ばのものもあり、その成果については今後の動向等を注視する必要があるが、内部統制制度の導入に向けて一層充実したものとなることを期待したい。また、紙幅等の都合により、各取組みのプロセス等を詳細にお示しできなかった部分もあるが、それらについては稿を改めたい。

　我々がこのような業務改革等を推進することができたのは、ひとえに、高い能力と使命感を持ち、県民のため必死に震災復興や県政の推進に取り組んだ数多くの岩手県職員の尽力によるものである。

　筆者は、会計指導監在任中、岩手県及び県内各市町村はもちろんのこと、東北地方を中心とする各自治体の会計部門及び内部監査部門の職員と接する機会に恵まれた。

　そこで垣間見たのは、膨大な業務を抱えつつも、会計経理の適正性を確保し、税金の使途について説明責任を果たすため、真摯に、黙々と業務に向かう職員の姿であった。

　会計部門、内部監査部門とも、自治体の中では、各種政策を所管する事業実施部局に比べると比較的目立たない「縁の下の力持ち」のような存在であり、その業務内容は注目される機会が少ないのが一般的である。そのため、職員数削減等によって生じる課題やリスクが可視的になりにくく、対応が遅れる場合があり得ると危惧している。そのような危惧が現実のものとならぬよう、これらの部門の重要性を認識し、専門的知見の伝承等を含めた長期的な人材育成を志向していくことが重要であろう。

　本稿で論じたとおり、地方自治法改正に伴う内部統制の制度化等により、会計部門及び内部監査部門の役割は一層重要になるものと思料される。しかし、既存の仕組みを見直すことなく、屋上屋を架すような制度改正を行えば、十分な効果は見込めず、職員は疲弊し、本来の目的からかけ離れた内部統制制度が誕生する可能性があることは既に論じたとおりである。そのような意味では、現在ほど自治体の会計部門及び内部監査部門において業務改革等が求められている時期はないと言えよう。

　前記のとおり、現在の自治体における会計経理に関するチェック体制に大

きな影響を与えた「預け金」問題からおよそ10年が経過した。この10年間における自治体を取り巻く環境の変化を踏まえ、各種チェック体制の見直しを適切に実施し、来たるべき内部統制制度の導入に対応していく必要がある。その際、各自治体において業務改革等に取り組んでいく中で、本稿がその一助となれば幸いである。

参考文献（脚注において紹介した行政機関の公表資料を除く）
・会計検査院「都道府県及び政令指定都市における国庫補助事業に係る事務費等の不適正な経理処理等の事態、発生の背景及び再発防止策について」（会計検査院法第30条の2の規定に基づく報告書）（2010年）
・地方自治制度研究会編『Q&A 地方自治法 平成29年改正のポイント』（ぎょうせい、2018年）
・拙稿「国及び地方自治体における不適正経理と再発防止の取組－決算検査報告に見る不適正経理の歴史的変遷－」『立法と調査』（2013年 No.342）

サービス向上を起点とする業務改革
――保育施設総合情報サイト "ナハノホイク"

那覇市企画財務部企画調整課経営戦略室　室長
武元　清一

はじめに

　那覇市は、人口約32万人、面積39.99㎢を擁する沖縄県の県庁所在都市である。当市が2014年度に開設した保育施設総合情報サイト「ナハノホイク」は、市内の保育関連施設の情報を網羅的に提供する、国内初の情報サイトである。保育施設情報の提供を飛躍的に向上させることとなった本サイトと、それにともなう職員の業務への改善的効果について本稿で紹介したい。

1 那覇市の待機児童の状況

（1）全国最悪水準の待機児童

　ナハノホイクの開設が検討されていた2012年は、全国的に待機児童問題が顕在化しはじめた時期でもあった。国においても、2015年度から始まる「子ども・子育て支援新制度」の開始を待たずして、保育資源の拡充を支援する「待機児童解消加速化プラン」を打ち出すほどであった。

　図表5-1に示すように、当時の那覇市の待機児童数は中核市中でも最悪水準であり、2位以下に大きく差をつける状況にあった。認可保育所はもちろん認可外保育園にも保育場所を求め、それらがかなわない場合は両親や親戚、場合によっては知人・友人の協力を得ながら、なんとか就業と子育ての両立を図るという、抜き差しならない状況を訴える保育を必要としていた保護者の声が連日寄せられていた。

（2）「認可外保育園」も多い那覇市の保育

　待機児童数の多さが顕著であることに加え、保護者が利用する保育施設の種別にも特徴が表れている。2012年度前後の那覇市にあっては、保育施設を利用している児童の4割近くが認可外保育園を利用している（図表5-2）。

　4,000人を超える数字は、当時の中核市のそれと比較するとその膨大さが

図表5－1　人口当たりの待機児童数

中核市	待機児童数 （平成24年4月1日）	人口 （平成24年10月1日 推計人口）	人口10万人当たり 待機児童数
那覇市	435	320,957	135.5
大津市	147	340,520	43.2
東大阪市	214	507,616	42.2
柏市	133	404,578	32.9
奈良市	115	364,498	31.6
全国	16,023	127,798,704	12.5

出所：著者作成

図表5－2　那覇市の保育施設利用状況

類型	箇所数	定数	入所数	待機数
認可園（公立）	9	783	739	48
認可園（私立）	61	6,189	6,486	391
認可外	91	－	4,318	－

※2013年4月1日当時。
出所：著者作成

よく分かる（図表5－3）。那覇市の認可外保育園の入所児童数は、人口比換算で中核市平均の実に10倍にもなんなんとする入所児童数である。

このような状況下において那覇市の保護者は認可園だけではなく認可外保育施設も含め、「市内の保育資源を総動員」して、育児と就労の両立を図ってきている現状が見えたのである。

(3) 保育施設情報の提供状況

このように、那覇市においては認可外保育園も相当数利用されていたわけであるが、一方でこれらの情報提供は十分とは言えなかった。その実、市で把握している認可外保育園の所在地、連絡先、開園時間などの一覧表を、紙媒体を中心に提供しているのが主だったのである[1]。

保育施設を選ぶ際に、最も重要な項目の一つはその所在地である。自宅又は職場に近いか、通勤途中で立ち寄れる場所にあるかどうかなどが、保育所

1　この体裁の情報は現在も沖縄県のホームページ内でみることができる。

図表5-3 中核市の認可外保育施設の状況

	人口 (H24.4.1)	認可外保育施設 (H25.3.1現在)		
		(か所数)	(人)	10万人当たり
函館市	277,056	11	78	28
旭川市	350,511	43	1,587	453
青森市	300,778	6	87	29
盛岡市	292,780	23	344	117
秋田市	320,904	24	864	269
郡山市	327,445	48	1,409	430
いわき市	338,139	12	180	53
宇都宮市	507,561	21	402	79
前橋市	338,118	14	231	68
高崎市	370,781	8	123	33
川崎市	340,520	42	899	267
船橋市	602,996	34	797	132
柏市	396,251	21	458	116
横須賀市	420,997	7	202	48
富山市	416,223	9	117	28
金沢市	445,432	10	90	20
長野市	382,607	13	209	55
岐阜市	409,655	22	450	110
豊橋市	364,945	12	203	56
岡崎市	368,319	16	298	81
大津市	336,223	12	243	72
高槻市	354,284	19	450	127
東大阪市	486,260	25	586	121
豊中市	391,371	26	434	111
姫路市	533,832	52	2,605	488
西宮市	472,650	43	1,235	261
尼崎市	457,216	16	255	56
奈良市	363,435	11	271	75
和歌山市	378,022	13	249	66
倉敷市	476,444	14	279	59
福山市	465,391	8	304	65
下関市	277,647	12	171	62
高松市	423,498	15	286	68
松山市	514,780	38	910	177
高知市	337,875	39	1,072	317
久留米市	302,333	13	309	102
長崎市	438,746	17	584	133
大分市	472,942	58	2,282	483
宮崎市	402,855	32	1,068	265
鹿児島市	605,120	65	1,539	254
中核市合計	16,471,704	948	24,572	149
那覇市	317,969	91	4,318	1,358

出：厚生労働省公表資料「平成24年度 認可外保育施設の現況とりまとめ」をもとに人口比を加えて作成

選びでまずは重要視される項目である。しかし、「住所」は大体の場所を教えてはくれるが周辺状況を教えてくれるわけではなく、実際に行ってみると細い生活道路を入ったところにあるような例も少なくなく、やはり地図上で視覚的に示された情報が切望された。またそれは、利用者だけでなく、窓口で対応する職員からも同様であった。先のように、認可保育所に空き状況がほとんどない中で、「せめて認可外保育園はありませんか」とたずねる保護者に、リスト1枚を提供することしかできない現状はつらいものがあった。

　すでにスマートフォンは広く普及していたため、かつてよりはるかに多くの市民がインターネットを利用できるようになっていた。そのため、紙媒体ではなくスマートフォンで保育施設情報が入手できればと、市民も職員も感じていた。事実、そのようなニーズを見てであろう、当時、県内の認可外保育園の情報の集積を企図した民間のインターネットサイトが存在してはいた。しかし、残念ながら情報が不十分で網羅性に課題があった。

　繰り返しになるが、保育所選びにおいて俎上に載せられるのは、何をおいてもまず「どこにあるか」である。希望する地域の保育施設が瞬時に検索され、その所在地が地図上にマッピングされる――。そのようなサービスが保護者からも職員からも求められた。また、市内の保育資源を網羅的に示すことで、認可保育所だけでなく当該保護者のニーズに応えられる認可外保育園が見つかるかもしれない。つまり、広く待機児童解消の観点から見ても、保育施設情報をインターネット上で提供できる総合的なサービスの必要性が看取されたのである。

2 保育施設総合情報サイト"ナハノホイク"

（1）全国初の本格的保育施設の情報サイト

　ナハノホイクの開設前までは、本市に限らず全国の各自治体においても、保育関連施設に関する情報は自治体のホームページ上に一覧表の形で提供されることが多かった。認可外の保育施設についても扱われていたが、実態把握に限界があり、より消極的であった。認可園については技術的・予算的な課題から、認可外施設については情報の制約といった課題から、保育施設の情報を提供する総合的なサイトは実現しにくかったのであろう。

　一方、インターネット上には、例えば「沖縄県　保育園」のように検索す

れば、ホームページや所在地が表示される機能はすでに実現されていた。これはインターネット上に散在する情報を自動的に収集・加工するいわゆる「マッシュアップ」によるものである。

マッシュアップは、検索用語のような断片的な情報から当該情報本体にたどり着かせるナビゲートには大変有効だが、「サービス内容を比較する」「条件を絞って抽出する」といった利用のためには、やはり必要な情報を均質に備えた専用のデータベースを整備する必要がある。マッシュアップによる疑似的な検索・表示機能ではなく、専用のデータベースを活用した保育施設の情報サイトは、当時寡聞ながら全国に例を見なかったのである。

（2）ナハノホイクにおけるデータの収集方法

ナハノホイクが実現したことには二つの理由が挙げられる。一つは財源についてで、事業に係る一般財源の負担を軽減できる沖縄振興特別推進交付金を活用することができたことである。もう一つはデータの収集において、積極的に出向いてゆき情報の収集を行ういわば「アクティブ収集」と、当座は手持ちの情報を掲載しておき、施設によるアップデートを待つ「パッシブ収集」の二つの方式を適宜使い分けてデータの件数を稼ぎ、サイトの開設時に実用に足るだけの情報の網羅性を目指したことである。

先述したように、保育施設の情報サイトは、民間でも試みがあったようにニーズは認められるものの、行政の所有するデータ（認可保育所）と行政でも完全に把握していない情報（認可外保育園）とからなっている。そのため、行政が主導する場合は技術面が課題となり、民間が進める場合は行政の協力を得ることがハードルとなって、結局利用に足るデータベースの構築が進まなかったものと思われる。ナハノホイクの開設に当たっては、ともかく早期の開設を目指して、完全さよりも件数を重視してデータの収集を行った。

まず認可保育所については、各施設に出向いて写真撮影から内容についてのインタビューまで行うという「アクティブ収集」によった。これにより、行政に協力はしたくても日々の保育業務が忙しいためデータの作成やサイトへのアップといった作業ができず、結果としてデータの収集も進まないといった課題を回避した。一方、認可外保育施設については、行政から「支援よりも指導」をこうむることも多いこともあり、財政的にも心理的にも認可園よりも概して疎遠である。このようなことにも留意し、スタート時においては行政が収集・蓄積した所在地や連絡先、開園時間などの基本的な情報を

掲載して保育所の所在情報の網羅性を確保することとし、サイト稼働後にナハノホイクの有益さも感じてもらいながら、施設側から任意に情報を追加してもらうことで情報の正確性・充実を図っていく「パッシブ収集」によることとした。

　データの完全さよりも件数の充実を優先させた点にも、もっとも切望されているのが所在地情報であるとの想定が通底している。住所データを持つデータベースが整いさえすれば、地域や施設種別で絞り込んで地図上に表示させられる。ナハノホイクで提供したかった最大の便利さを現出させさえすれば、データの充実は後追い的に図られると考えたのである。

(3) ナハノホイクの主な機能
① 検索機能、マッピング機能
　ナハノホイクのメイン機能。市内に存在する認可保育所、認可外保育園、幼稚園、児童クラブなどの保育・子育て関連施設を、名称、住所、利用料などの条件で抽出して場所を表示することができる。「首里　小禄」のように、複数の地域名を入力して「職場か自宅のどちらかに近い施設」を探すといった使い方もできるので、相談を受けた際の職員にとっても非常に役立つ。

② 保育料シミュレーター
　世帯状況や所得額を入力しておおよその保育料を算出する。どれくらいの保育料がかかるのかは条件によって変わるため試算するのに時間がかかったり、誤った額を伝えたりしないようにするなどの留意から、電話や窓口でも提供しにくかった情報の一つである。シミュレーターであれば、利用者が様々な数値を入力して手軽に試算できるため、保育料の目安を知るには十分役に立つ。

③ 施設支援機能（掲示板、メール配信機能）
　行政からはもちろん、施設からのお知らせを掲示できる掲示板が実装されており、台風時の連絡や保育士の募集なども掲示されている。また、施設から保護者向けにメールを配信する機能も内蔵されている。

3 サービス向上を起点とする業務改革

(1) ナハノホイクへの反響
　2014年4月から稼働したナハノホイクは、初日のアクセスユーザー数が75

図表 5 − 4　ナハノホイクのトップ画面

出所：www.nahanohoiku-nahacity.com/

件、月間のユーザー数が最初の1か月間は883件であった[2]。2か月後の5月末も約1,500件の増加にとどまったが、6月以降は対前月比で3,000〜4,000件の増加をみており、ほぼ1年後の2015年5月末の時点ではユーザー数は46,000人に達した（図表5−5）。実質的なサイトの利用者はその1/3と見積もっても、本市の就学前児童の数がおよそ18,000人前後であることを考えれば、保育所を探す保護者のうち相当数がアクセスしていたとみてよい数字だと思う。

2　グーグルアナリティクス（GA）による。GAのユーザー数は端末のcookie情報を利用するので、同じ人が別々の端末（スマートフォンと家のパソコンと職場のパソコンなど）でアクセスしてもそれぞれ1件とカウントしてしまうが、再びアクセスしても新しいユーザーとはカウントしないため、サイトの利用者数を簡易的に推し量ることは可能である。

図表5−5　ユーザーの総数と対前月増減数の推移（開設後1年間）

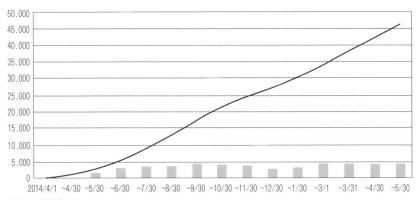

出所：著者作成

（2） 職員の業務への効果

　ナハノホイクが提供する情報は、従来であれば電話での問い合わせや、窓口に来た際に提供される情報でもあった。しかし、既述のように職員の手元には紙媒体の情報しかなく、「『延長保育に対応可』の施設をすべて教えてほしい」というような施設抽出の相談には限界もあった。そもそも、恒常的に混雑している窓口対応の中では、1件1件の問い合わせに十分に時間をかけること自体も難しかったのである。

　ナハノホイクによる情報提供は、条件に適合する保育施設の抽出、それらの場所、周辺状況、そして保育料の概算など、従来の窓口で提供するとすれば職員の時間も経験も必要とされる内容である。それらが、役所の窓口に来る前に、あるいは待ち時間の間に、自宅のパソコンやスマートフォンなどであらかた入手できるなど利便性が向上することに加え、窓口や電話対応によるこれらの問い合わせが大幅に減少することで、職員にとっても恩恵は少なくない。

　職員の負荷軽減などの業務改革という場合、業務そのものを指向したIT化に目が行きがちであるが、IoTを活用して一次情報を的確に提供することでユーザーへのサービスを向上させ、結果的に職員による直接提供の手間を省くことにつながる場合がある。保育施設総合情報サイト"ナハノホイク"は、住民向けのサービスを向上させることで職員の業務が軽減される実例の一つともできると思う。

宇部市における行財政改革及び業務改革の取組み

株式会社NTTデータ経営研究所
小島　卓弥

■ はじめに

　宇部市は、宇部興産株式会社創業の地であり炭鉱や重化学工業を主体とした企業城下町として発展してきた。それらによりもたらされた税収や雇用に支えられ成長してきたが、歳出面では、バブル崩壊後の国の経済対策に歩調を合わせて建設地方債を増発したことにより、公債費が高水準に推移し、また、少子高齢化の進行等により扶助費が増大。加えて、歳入においては、2004年度からの三位一体の改革により一般財源総額が大幅に減少し、さらに、長引く景気低迷により税収が落ち込み、所要一般財源の確保のために、財政調整基金の大幅な取り崩しや臨時財政対策債の増発を余儀なくされるなど、財政構造の硬直化は深刻なものとなっていた。

　2010年段階での中期財政見通しでは歳出面では、少子高齢化の進行等により扶助費の増大が見込まれる一方、歳入面では、景気低迷による市民税個人所得割の減少や地価下落等による固定資産税の落ち込みなどにより、市税の大幅な減収が見込まれ、その結果、2014年度まで約8億〜14億円の収支不足（要調整額）が予測され、調整財源となる財政調整基金が、2012年度にはほぼ枯渇。経常収支比率は、2012年度には98.3％にまで上昇すると見込まれる等、厳しい財政状況に直面していた。

　そのような状況下、2009年7月に久保田后子市長が就任し、矢継ぎ早に行財政改革の取組みを推進し、財政の健全化の道筋をつけてきた。本章ではそれらの取組みを整理するとともに、中でも特に業務改革の取組みを中心に整理していく。

2009年以降の宇部市の行財政改革の取組み

　2009年度以降の宇部市の行財政改革の主な動きは以下のとおりである。

① 2005～2009年度　新行財政改革プラン

　2009年度は、久保田市長就任以前に制定されていた新行財政改革プランの最終年度であったことから、まず取組み項目の完全実施を目指した。行政の担うべき役割の重点化、定員管理及び給与の適正化等六つの視点から見直しを行い、公営企業を含む宇部市全体として、効果額（2010年度当初予算反映額）は、10億7,633万1千円の見直しを実現した。

　同時に、次期プランを民間委員で構成する「宇部市行財政改革懇話会」での議論を踏まえつつ、庁内組織「宇部市行政運営改革推進本部」にて策定を進めた。

② 2010～2013年度　第一次行財政改革加速化プラン

　2009年度の取組みを踏まえ、スリムで効率的な市役所を目指して、総点検を継続し、スピードある改革に取り組むため、2010年度から2013年度までの4年間の「行財政改革加速化プラン基本計画」を策定した。

　財政の健全化を進めていくため、市としてコントロール可能な人件費（定員管理）と公債費（地方債残高）について指標を設定。人件費約11億円（94人減）、公債費約6億円の削減を目指した。特に、人件費削減の効果が早期に現れるよう、定員適正化計画の目標（94人減）を前倒しして取り組んだ。

　また、従来の事務事業の見直し中心の取組みに新しい視点を加え、市民サービスの維持・向上を図るため、3本の柱を設定しそれぞれの視点から見直しを行った。

　ⅰ　「市政運営の改革」市民との情報共有や協働の取組み
　ⅱ　「行政運営の改革」事務事業の総点検、定員管理の適正化等の取組み
　ⅲ　「財政運営の改革」財政健全化計画の策定、地方債残高の抑制、歳入確保など

　このほか、公営企業においても積極的に経営改革を進め、特にガス事業については、民営化に向けた取組みを推進する、としており、2014年4月に民営化が果たされた。

③ 2014～2017年度　第二次行財政改革加速化プラン

　新行財政改革プラン、行財政改革加速化プランの取組みにより、経常収支比率の改善、地方債残高の縮小、枯渇が懸念されていた財政調整基金残高の回復等、マクロベースでの財政は改善効果を示し始めていた。ただ、県内自治体との比較ではまだまだ改善途上であり、また一般財源等の歳入の伸び悩

みと義務的経費の増加等により財政の硬直化は引き続き懸念されるところであった。

そこで、2014年度より第二次行財政改革加速化プランがスタートした。同プランでは第一次行財政改革加速化プランで定められた事項の着実かつ継続的な実施とともに、定数の抑制、地方債残高の抑制、自主財源比率の向上を目指し、新たな自主財源の確保、等が成果指標として挙げられた。

また、ICTの活用、公共施設マネジメントの推進、民間活力の積極的導入、市民との情報共有、都市間競争力の向上等、行財政改革手法の拡大や行政の質の向上に関する取組みが実施された。

④ 2018年度以降　宇部市行政サービス改革推進計画

これまで行われてきた行財政改革加速化プランにより、一層の財政面での改善が進んだことから、2018年度からは宇部市行政サービス改革推進計画と名称を転換し、行財政改革の取組みは継続しつつ、より質の向上の要素を強くした宇部市行政サービス改革推進計画が進められている（本章執筆時点2018年9月現在）。

この中では、政策実現に向けた役割を行財政改革の観点からも担うこととし、住民サービスの利便性向上・質的向上に向けた「サービス改革」、市民や民間事業者等と市による未来志向の「連携・協働・共創改革」を改革の柱として、宇部の未来創造に向けた行政サービス改革への転換を図っていく。加えて、労働生産性を上げ、成長と分配の好循環を加速するため、働き方改革の取組みを速やかに実行していくとともに、未来への先行投資として、人材への投資を強化し、生涯現役社会の実現を目指していく取組みとも連動した働き方改革、人材育成等を通じた「マネジメント改革」を三つ目の柱として取り組んでいくこととしている。

このように、2009年度段階で危機的な状況であった財政の建て直しに重きをおいた新行財政改革プランを皮切りに着実に財政の健全化を果たすとともに、徐々に行財政改革の裾野を広げ、かつ質の向上を企図した形でこの10年余り行財政改革を推進してきたのが宇部市の取組みである。

その過程で、様々な業務改善の取組みも進められてきたところである。以下に、そのいくつかの事例を紹介していきたい。

2 業務改善提案発表会

宇部市では2010年度より「市民と考える　市役所ダイエット作戦（業務改善提案発表大会）」（2014～2016年度は「市役所"カイゼン"公開討論会」）と題して業務改善提案発表会を7か年に渡り実施した[1]。

いわゆる事業仕分けに代表される外部評価では、事業所管部門は事務事業等の現状を発表し、外部評価委員がそれに対して改善や廃止等の評価を行うケースが一般的であるが、宇部市の場合は、事業所管部門が検討した業務改善提案を公開の場で発表し、その内容に対して学識経験者や市民がその内容について討議するスタイルの発表会である点が特筆される。

この中で、事業所管部門は自らが実施している事務事業や業務に関して所謂予算だけではなく、人件費も含めたトータルコストを明らかにし、その上で歳出のみならず、歳入も含め、幅広く見直しを行い、外部委員としての学識経験者や市民はそれぞれの視点から課題を指摘し、その内容をより良くしていく方向で議論を進めていった。

本発表会での改善は概念が幅広く、例えば市の広報紙の発行回数削減やごみ収集車の搭乗人数の削減等、コストの削減や、環境学習事業の参加者満足度を向上させたい等、様々な視点での改善が試みられた。

本書の主題である業務改善の視点でも見直しが行われた例がある。例えば、国民健康保険対象者向けの集団検診に際して、従来、検診行為そのものは医療機関等に委託していたものの、検診当日の受付・問診・会計や検診結果の発送等は市が直営で実施していた。この部分のいわゆる検診の間接業務をも外部委託することで、コストを引き下げるという試みである。

検診を行う事業者にとって、検診当日の受付・問診・会計や検診結果の発送等は、一般的に提供している業務内容の範疇であり、これらの業務を委託することの費用対効果は非常に高いと言える。このような、委託の業務範囲の見直しを行うことで大幅に業務が効率化したり、コストが低減するケースはBPRを実施していると意外と多い。これは委託事業者と行政機関、それぞれに得意不得意があることに起因するものであり、それぞれを最適化することで驚くほどの改善が図られることがある。当該集団検診に関する業務改

---

1 過去7回の改善発表会の状況は、宇部市・行財政改革ホームページに掲載されている。
http://www.city.ube.yamaguchi.jp/shisei/keikaku/gyouzaisei/index.html

図表6−1　がん検診における総コストの削減・事業改善策

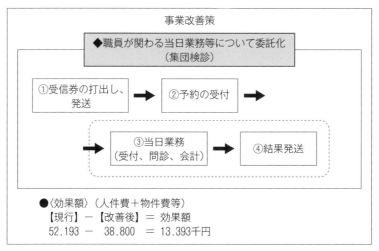

出所：平成22年度・市民と考える　市役所ダイエット作戦（業務改善提案発表大会）健康推進課発表資料[2]

善について宇部市の業務担当部門の分析では、この委託範囲の見直し（この場合は拡大）で13,393千円の改善効果を試算している。

　逆に、受託企業が苦手な業務までセットで委託に出してしまい、コストがあまり低減しない（むしろ高止まる）一方で質が低くなっているケース等もある。この場合には、委託範囲を狭めたり、委託する業務を分割して、それぞれを得意な企業に委託することで、コストの低減と質の向上の両立が図られることがあるので、重要な見直しの視点と言える。

　また、諸証明の発行や住民異動の手続きを受け付ける市民課窓口の改善では、申請書記入内容の不備が約7割に達していたことから、申請書の作成を窓口職員が聞き取りながら作成することで、不備による手戻りを削減。また、住民異動（転入、転出、転居等）の手続きは、市民課での手続きがスタートとなり、その後、国民健康保険や介護保険、児童手当の申請等、複数の申請を実施していくことになるが、市民課でのデータ登録がすぐ行われないため、後の手続きに支障が生じる等の課題が生じていたことから、業務実施手順を見直し即時入力を行う等の改善を行った。

2　http://www.city.ube.yamaguchi.jp/shisei/keikaku/gyouzaisei/soutenken/h22/documents/shiryou_kensui.pdf

図表 6 - 2　市民課窓口における事業改善策

```
事業上の課題

〈証明書交付業務〉
●申請書の記入に指導助言が必要
●申請書記入内容の不備約7割
●住民票と所得・課税証明書が一緒に必要な場合は
　それぞれの窓口で請求

〈住民異動に係る業務〉
●異動後のデータが即時入力できない場合、各部署
　での手続きに支障をきたす
```

```
事業改善策

〈証明書交付業務〉
●申請書を職員が聞き取りにより作成
●所得・課税証明書を市民課でも交付

〈住民異動に係る業務〉
●異動データを常に即時入力
●異動者の手続きが複数課にわたる場合、「案内書」
　を作成
```

出所：平成24年度・市民と考える　市役所ダイエット作戦3
（業務改善提案発表大会）市民課・市民税課発表資料[3]

　また、これまで別の窓口で交付していた課税証明等の申請書も市民課窓口で発行できるようにしたり（ローンの申し込み等で住民票や印鑑証明とセットで要求されることがあり、ワンストップ化を図ることで利便性が高まる）、異動者の手続き案内書を作成することで、複数の手続きを行う市民が迷子にならないような質の改善に繋がる業務改善も実施された。

3　オープンデータを活用したアプリ開発の促進（アプリコンテスト）

　宇部市では、2012年の国における「電子行政オープンデータ戦略」を踏ま

---

[3] http://www.city.ube.yamaguchi.jp/shisei/keikaku/gyouzaisei/soutenken/h24/documents/shimin_pp.pdf

図表 6－3　宇部市オープンデータカタログサイト

出所：宇部市オープンデータカタログサイトホームページ[5]（2018年9月時点）

えて、2014年に市独自の10種類のオープンデータをホームページで公開を開始した。そのデータは徐々に充実し、2018年9月現在、46のデータを数える。この中には地域別のごみ収集日や、AEDの設置施設、休日診療の当番表等、官・民問わず公共性の高い情報を中心に掲載されており、他にも「宇部ラーメン[4]」の提供店舗情報等も掲載されている。

そして、2015年のオープンデータ推進の運用方針を策定するとともに、このオープンデータを活用して新たなサービスを生み出す技術・アイデアを生み出す「アプリコンテスト」をスタートさせた。

本アプリコンテストでは、アイデア部門とアプリ部門の二つに分かれており、アイデア部門はオープンデータを活用し地域課題の解決、市民生活の向

4　宇部ラーメンとは宇部市近郊に提供する店舗が集中するラーメンであり、共通した特徴は、濃厚な豚骨スープで、匂いが強く、中太麺であることが挙げられる。出所：魅力発信やまぐち／特集「おススメします！私のまちのお宝PR」宇部市編　山口県広報広聴課

5　http://data.bodik.jp/dataset/_ube_opendata/resource/7348b043-0241-449e-9919-438feb83c8e3

図表6－4　第1回アイデア・アプリコンテスト募集ホームページ

出所：宇部市アイデア・アプリコンテスト募集ホームページ

上、行政事務の効率化等に資するアイデア等、アプリ作成のアイデアに限らず、データを利活用したアイデアを幅広く募集。アプリ部門はオープンデータを活用し地域課題の解決、市民生活の向上、行政事務の効率化等に資するアプリそのものを募集した。

　応募された作品の中には、周辺の多目的トイレを検索し、ルート案内、障害者、赤ちゃん連れ等、利用者に適したトイレを一発検索できる「多目的トイレ一発検索アプリ」や、LINEでゴミの名称を訪ねると、ゴミの出し方を教えてくれる対話型のゴミ分別検索アプリ「育てるごみ分別案内LINEボット」など、市民の利便性向上とこれらの問い合わせ等に対応する職員の業務負担の軽減、改善につながるアイデアやアプリも含まれていた。

　これらの成果（アプリ部門）も宇部市の提供するオープンデータとして広く公開されて、市民に活用されているところである。

図表6−5　宇部市新庁舎イメージ

出所：宇部市役所

4 今後の取組み〜新庁舎建設も踏まえた業務改革

　宇部市では老朽化した現在の庁舎を建て替え、2021年度中の移転に向け、現在、取組みを進めている。新庁舎への移転に当たっては、単に施設を新しくするだけではなく、それと同時に、このタイミングだからこそできる業務改革を併せて進めている。

　新庁舎においては、AI等新技術の積極的な活用により、「市民が、行かない、待たない、書かない」をコンセプトに、市民にとって分かりやすく利用しやすい窓口を目指すとともに、職員がアクティブで多様な働き方ができる執務環境を整備し、更なる業務効率化を図ることとしている。

　このように、2009年度から取組みを強化してきた宇部市における行財政改革は、一定の成果を上げたことで終わりにするのではなく、継続的に取り組まれているところに特徴がある。また、当初はいわゆる節約型の行財政改革や定数等の見直し等、いわゆる従来型の行財政改革からスタートし、公開型の改善発表会と組み合わせた職員による業務改善提案、オープンデータとその活用を企図したアプリコンテスト、そして新庁舎建て替えに合わせたファシリティやICTによる業務改革等、対象もソリューションも拡大を続けている。

　とかく、「行革疲れ」等が指摘される自治体ではあるが、時代が移り変わり社会構造・技術・行政制度が絶え間なく変化している中で、継続的な改善なくして組織を持続していくことは難しい。その意味で、宇部市におけるこの10年の行財政改革の取組みは非常に評価が高く、また今後の継続的な取組

図表6-6　AI等を活用した窓口業務のイメージ

AI等を活用した窓口業務のイメージ

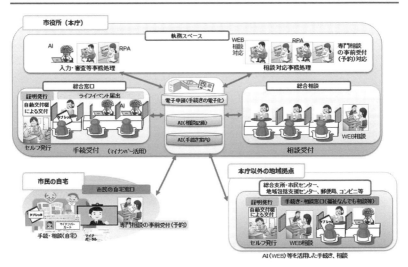

出所：宇部市役所

みが期待されるところである。

自治体における業務改善とファシリティマネジメント

コクヨ株式会社　TCM事業部官公庁ソリューション部
チーフコンサルタント　八上　俊宏

■ はじめに

　土地、施設やオフィス空間など、企業や団体が事業目的のために使用する施設や環境のことを総称してファシリティと呼び、それらを経営資源として総合的にマネジメントする手法をファシリティマネジメント（FM）と呼ぶ。昨今ではFMの概念もすっかり定着し、自治体においても公共施設の維持管理や新庁舎建設、窓口改善の際にFMの手法を活用することもさほど珍しいことではなくなってきた。だが、FMの手法を経営資源の適切な管理手法ではなく単なるコスト削減の一手法として捉えてしまい、いかに人・モノ・金の投入を抑えるかが目的と考えられているのではないかと思われるケースも散見される。

　昨今の「働き方改革」を巡る議論の中でも労働生産性の向上は重視されており、そのためにはコスト削減と同時に成果の質的向上を目指す必要がある。製造業の場合、成果は製品の生産量の形で可視化しやすいため、例えば生産ラインのレイアウトを改善する等、製造現場に投資して生産性を上げるという取組みは既になされてきたが、公共サービスの提供を目的とした自治体のオフィスワーク（窓口を含む）では成果の質を客観的な数値で指標化することが困難であったため、これまではオフィス（窓口）は投資の対象とは考えられず、いかにコストを削減するかを中心に考えられてきた。しかし少子高齢化による生産年齢人口の減少によって、オフィスワークにおいても限られた人数で最大の効果を生み出す必要に迫られることになった。そのためには硬直化した組織に囚われず、職員それぞれが持つスキルやノウハウを必要に応じて活用し、最大限の成果を生み出せるような仕掛けが重要となり、オフィスそのものも経営資源としてそのような仕掛けを具現化できるものでなければならなくなった。

　本章では、FMの視点から、自治体における業務改善に伴うファシリティ

整備の具体的な事例を紹介する。

1 港区（東京都）の「フリーアドレスの執務環境の整備実証実験」

　港区（東京都）では、ワーク・ライフ・バランスの実現に向けてノー残業デーの実施や時差出勤制度の導入等、働きやすい職場づくりに取り組んできた。2018年、「働き方改革」の積極的な取組みとして、民間企業の様々なワークスタイル変革の取組みを把握し、区の働きやすい職場づくりに効果的に反映させるための企業訪問が2か月に渡って実施された。その結果、企業のワークスタイル変革では徹底したペーパレス化、フリーアドレスの実施、積極的なテレワークの活用によって効果が上がっていることが分かった。

　そこで、「働き方改革」を検討する「働きやすい職場づくり検討委員会」において、フリーアドレス環境の整備、ペーパレス化に向けての取組みが目指すべき姿として打ち出され、実証実験を行った後に、所管課としては全庁展開が決まった。ここでは、フリーアドレス環境の整備に向けて実施された実証実験について取り上げる。

（1）フリーアドレスの考え方

　自治体職員の間でも最近認知度が高まっている「フリーアドレス」と呼ばれるオフィスの運用方式は、自席を持たないために不在時の空席スペースを有効活用できる手法として認識されていることが多いが、民間企業ではむしろオフィスワーカーが自分の働き方に適したスペースを自由に選んで働くオフィスの運用形態として導入されている。オープンオフィスとして整備されたオフィス空間の中に、一般的な島型対向式の執務スペースの他、他者と協業しながら業務を進められるコラボレーションスペースや集中して作業できるスペース、リラックスした雰囲気の中で働いたりリフレッシュしたりできるスペースを設置しておき、その時の仕事に最も適したスペースに移動して働くことにより、それぞれの状況で最高のパフォーマンスを引き出すことを目的としたオフィスの運用形態がABW（アクティビティ・ベースド・ワーキング）と呼ばれる方式である。限られた人数で最大の効果を上げなければならないこれからの日本においては、それぞれのオフィスワーカーの能力を組み合わせて最大限に引き出すため、オープンオフィスで日常的にコミュニ

ケーションの促進を図りつつ、必要に応じて集中して作業できる環境を整備するほうが効果的だと考えられる。

(2) 実証実験に向けた取組みで期待される効果

実証実験は企画経営部企画課のオフィス（床面積107.317㎡、職員数23人）を対象としてオフィス改修を行い、パイロットオフィスとして実際にフリーアドレスを導入して働いた後に効果測定が行われることになった。実証実験の開始に当たっては、以下の四つの効果が期待された。

① **役割分担や立場を超えたコミュニケーションの活性化と業務効率の向上**

席の自由度を生かして業務単位で打ち合わせを兼ねた業務遂行が可能となるため、業務効率の向上が図れる。

② **ペーパレス化の推進**

執務室内に資料等を保管できるスペースが限られるため、資料のデータ化が必須となり、ペーパレス化推進の動機付けとなる。

③ **安全・安心な執務環境の整備**

業務終了後、毎回机上を片付けることから、書類の紛失や情報漏えい等の危険を防止できるとともに、整然とした執務環境を維持できる。

④ **組織改善への柔軟な対応とオフィスコストの軽減**

係の新設、統廃合や人員の増減と席の配置の関係性がなくなるため、組織改善に柔軟に対応することが可能となる。

(3) パイロットオフィスの整備

実証実験に向けて、課内職員に目的を説明し、意見交換の場をとして1回30分程度の課内ミーティングが4回開催され、課題の共有とスケジュール、取組み方針の共有が図られた。次に、1週間をかけて各自がそれぞれ保管していた書類や資料の見直しと廃棄が行われ、不要となったワゴンや脇机は全庁に再活用の希望を募り、全30台中25台が再活用された。パイロットオフィスでは、前項の①～④の効果を上げるため、それぞれに対して下記の課題解決策が取り入れられた。

① **役割分担や立場を超えたコミュニケーションの活性化と業務効率の向上**

フリーアドレスの導入に合わせ、役職席も従来のような独立席とせず、デスク島に一体化されたことにより立場を超えたコミュニケーションの活性化が図られた。また、従来は課長席にのみ設置していた打ち合わせスペースを課長席から切り離して増設したことにより、打ち合わせや相談・報告業務の

即時性が向上すると共に作業スペースとしても活用できるようになった結果、業務効率が向上した。執務机の一部や打合せテーブルには電動上下昇降テーブルが採用され、立ち会議の導入による会議の活性化やメリハリのある業務が実現した。

② ペーパレス化の推進

職員1人当たりワゴン2台＋足元収納棚1台分の個人収納が削減され、さらに収納庫5台分の共有資料が削減されたことにより、収納容積が効率化された。また、ノートパソコンの移動が可能になり、会議室にモニターが設置されたことによってペーパレス会議が実現した。

さらに書類の削減によって足元や空調吹出口付近に積み上げられていた資料類が整理された結果、空気の流れに対する障害物がなくなり、空調効率の向上という副次的な効果も生み出している。

また、従来は各自が紙ベースで保管していた資料は原則データ化し、最小限の紙資料は共用の書庫で保管することに改められたため、個人が持つ資料は施錠可能な個人ロッカーに収納可能な量に抑制されることになった。

③ 安全・安心な職務環境の整備

フリーアドレスの導入によって自席がなくなった代わりにノートパソコンが収納可能な個人ロッカーが導入され、退庁時に机上を片付けて帰る「クリ

写真7−1 改修前のオフィス。机上に書類があふれている。

写真7−2 フリーアドレス導入後のオフィス

写真7−3 執務デスクの一部は電動昇降テーブルを採用。業務内容に応じて最適な高さに切り替えられる。

アデスク」が習慣付けられるようになった。その結果、棚や机上に物が置かれなくなったため、地震等有事の際にも崩落の恐れがなくなり、また情報漏えいの危険も解消されている。ペーパレス化によって紙資料を広げて作業することが減少することから、職員1人当たりの机上面の大きさは脇机も含め従来のW1500×D700からW1200×D600となった。数字だけ見ると天板面が小さくなったように見えるが、実際には従来の脇机の上や奥行き部分には書類が積み上げられて作業面としては使用されていなかったため、実質的な作業面は変わらず、むしろ通路幅が拡張されて、業務動線が円滑化された。

写真7-4　ノートパソコン、ファイルボックス、道具入れを収納できる個人ロッカーが新設された。

④　柔軟な組織改善への対応とオフィスコストの軽減

　執務机にはキャスター付きで移動可能なものが選ばれたため、将来のレイアウト変更にも簡単に対応できるようになっている。また、場所を移動して働けるように電話が固定電話からPHSに改められたため、異動に伴う電話改修工事が一切不要となった。

写真7-5　イスの一部にグラインドするイスを採用。バランスボールのように体の自然な動きを引き出し、体への負担を軽減するとともに体と脳を活性化することにより発想を豊かにする効果にも期待。

　その結果、組織改正に伴う執務室レイアウト変更に係る経費を同規模で比較すると、フリーアドレスの執務環境整備によって従来の約半分程度にまで縮小できることが分かった。

（4）実証実験の結果と今後の展開

　2018年7月にパイロットオフィスの改修が完了、フリーアドレスの導入による新しい働き方が実現してから、改修前後で執務室の気積（場所の床面積

×高さ）がどのように変わったかの比較と、職員へのアンケート調査によってその効果検証が行われた。企画課執務室の体積279.024㎥に対し、撤去備品の体積が18.549㎥、新規備品の体積が3.971㎥、残置備品の体積が22.749㎥、これを職員数23人で除して1人当たりの気積で比較すると0.634㎥増加、全体で実質2人分の余裕が生まれ、空調効率の向上に繋がった。また、従来の事務机からテーブル形式に移行したことによって引出、脇机、机上に積み上げられていた資料分の気積が改善されたことによって職員1人当たりの気積は21.6倍改善される結果となった。

職員のアンケートからは、「机上に資料を置いたままにすることがなくなり、整理整頓の習慣がついた」「会議室まで移動して打ち合わせしなくても空いているテーブルを使って打ち合わせができるため、効率化が進んだ」という意見や、「PHSの導入によって執務室内を移動しながら通話できるので、資料を探すための折り返し連絡が減った」というように、直接業務効率の改善に繋がったという意見が数多く寄せられた。また、「日々席が替わることによってコミュニケーションが生まれる」といった意見や、「ペーパレス化によってパソコンで資料説明するようになったため、端的に分かりやすい資料作成を心がけるようになり、スキルアップにも繋がった」「空気循環がよくなり快適になった」というように、職員のモチベーション向上に繋がったという意見も多く見られた。

所管の企画課では実証実験の結果を踏まえ、さらに詳細な職員意識調査や効果測定を実施した後に対応職場を選定し、方針を策定した。2019年4月以降に対応職場での本格実施を予定している。

総務省でもフリーアドレスが導入されるなど、官公庁でも働き方改革に伴うオフィス環境の見直しが始まっている。今後は自治体のファシリティも、コストではなく業務改善を支える経営資源と位置付けて、新しい働き方を最も効果的に具現化できるように計画していくことが望ましい。

2 都城市における窓口レイアウト改善

都城市の庁舎は築35年が経過し、窓口では分かりにくいサインや動線、相談室の不足やセキュリティ対策の必要性等様々な問題が顕在化していた。2012年度より総合窓口の導入の可能性も含めた窓口改善が検討されていたが、

マイナンバー制度の導入等の各種課題を踏まえて、総合窓口の導入はいったん見送られ、2016年度から窓口レイアウト改善に特化した計画が進められた。都城市はマイナンバーカードの交付率向上に積極的に取り組んでおり、2016年度には市区別交付率日本一となっている。現在は申請しやすい環境の創出とマイナンバーカードの利便性向上に取り組んでいることから、窓口レイアウト改善においてもマイナンバーカードの利用拡大や将来的な総合窓口導入を視野に入れたファシリティ整備が求められた。

(1) 窓口レイアウト改善のコンセプト

改善の対象となったのは、市民の利用が多い1階（市民課、保険年金課、保育課、こども課、福祉課、介護保険課、会計課、銀行）と2階の一部（市民税課、資産税課、納税管理課）。

改善前に顕在化していた問題の解決と、将来に向けた課題の解決を目的として、以下の四つのコンセプトが定められた。①業務内容の変更を踏まえた「可変性」の重視、②市民に分かりやすいユニバーサルデザインへの配慮、③都城市の特性を活かし、かつ市のPRが可能、④職員の動線や執務スペースへの配慮。

マイナンバーカードやマイナポータルの更なる活用拡大など、窓口で提供されるサービスは今後も大きく変化していくことが予測されるため、事業者選定方法は単なる提案コンペではなく、将来予測とそれに基づく可変性を担保するために公募型プロポーザル方式が採用された。改善後には、以上のコンセプトに基づき細部にまで徹底的にこだわった窓口空間が実現しているが、本稿では紙幅の制限もあるため、窓口を利用する利用者の視点で効果的な改善ポイントの一部を紹介する。

(2) 1階エントランスの改善

正面玄関から入ってすぐの位置に総合案内があり、向かって右側に市民サロンエリア、左側には2階への階段があった。改善前の階段下には雑然と物が置かれており、美観を損ねていたが、新たに壁を作って倉庫とし、壁を2年連続ふるさと納税日本一となった肉と焼酎のふるさと都城の魅力を市内外にアピールするウェルカムボードとして活用した（写真7-6）。分かりにくかった総合案内のサイン（看板）は視認性の高い門型のサインに改められた。

(3) 窓口の改善

① 分かりやすく将来の業務変更にも対応できる可変性の高いサイン

改善前のサインは表示部分が小さく、配色も空間に溶け込んで気付かれにくい上、表示内容も課名が中心であった。そこで各課に番号と色を割り振り、表示内容も来庁者に分かりやすいように業務を優先する表示とし、番号や色で窓口を案内できるように改善された。サインの表示部分はスチール製の本体にマグネットで簡単に着脱できるようになっており、将来、課名や取り扱い業務に変更があった場合でもメンテナンスしやすい工夫がされている。また、固定資産の閲覧・縦覧等のように特定の時期に発生する業務についても、あらかじめ準備したマグネットシートを装着することで簡単に対応できるようになっている（写真7-7）。

写真7-6　階段下に新設されたウェルカムボード

写真7-7　マグネットシートで簡単に着脱できるサイン

② ユニバーサルデザインへの配慮

窓口には高齢者や障がい者、子ども連れ等様々な市民が訪れるため、誰にとっても居心地のよい、ユニバーサルデザインを取り入れた空間

写真7-8　ユニバーサルデザインに配慮された家具

にする必要がある。来庁者が直接触れるカウンターやイスは、その大きさや素材にユニバーサルデザインを取り入れたものに改められた（写真7-8）。市民課、保険年金課に設置された番号発券機の表示もカラーユニバーサルデザインに配慮した機種が採用されるとともに、呼び出し音声が難聴者や高齢者にもはっきり聞き取れるよう、指向性の強い曲面スピーカー「ミライス

ピーカー」を宙吊りで設置している（写真7－9）。また、子ども連れが多いこども課、保育課の横には授乳室や絵本コーナー、キッズスペースを新たに設置している（写真7－10）。キッズスペースも子どもだけでなく、大人が座って、窓口の順番を待ちながら見守ることができるように工夫されている。細部までユニバーサルデザインに配慮したことによって窓口空間全体が誰にとってもさりげなく居心地の良い空間となっている。

③ 相談室におけるプライバシーへの配慮

不足していた相談室は4室が新規設置されたが、空調と照明の関係で、天井まで仕切った防音仕様とすることができなかったため、各相談室内に吸音材を取り付けるとともに、レベル

写真7－9　番号呼出表示モニターの横に設置された「ミライスピーカー」

写真7－10　新設されたキッズスペースと絵本コーナー

写真7－11　吸音材とレベルメーターを設置した相談室（右写真がレベルメーター）

メーターが設置された（写真7-11）。レベルメーターとは相談室内での会話の声が一定以上の大きさになると、ランプが点灯して音が鳴り、注意を喚起する仕組みで、話し声が相談室の外まで聞こえるほど大きくなることを防いでいる。また、相談室が隣接している箇所では、隣の相談室の会話の内容を聞き取りにくくするサウンドマスキングが導入された。これは空調音に似たマスキング音をスピーカーで流すことにより会話の内容を聞き取りにくくするもので、プライバシーに関する相談をする場合でも安心して会話できるように工夫されている。

④ ポスター掲示スペース、パンフレットスタンドの設置

改善前の窓口では、ポスターや各種の掲示物があちこちの壁面に無秩序にあふれ、かえって見づらくなっていた。改善後は待合から目に付く位置に記載台と一体となったポスター掲示スペースとパンフレットスタンドを設置し、計画的な掲示ができるようにして、ポスターやパンフレットのメッセージ性を強調するよう工夫された。

⑤ マイナンバーカードを活用したらくらく証明書交付サービス

コンビニ交付を導入している自治体には、マイナンバーカードを使って自治体の窓口でセルフで各種証明書の取得を可能にする「らくらく証明書交付サービス」のソフトウェアが地方公共団体情報システム機構から無償提供されている。コンビニ交付の使い方を実践で知ることができる仕組みであり、カードの利便性のPRにも繋がることから、専用サービスコーナーが新たに設置された。なお、この仕組みは、住民異動の手続きが終了した後に、各種証明書取得を簡単に取得できるよう、カウンター上にも1台設置している。

（4）レイアウト改善をきっかけにした業務改善

以上のようなハード面の整備と併せ、ソフト面の業務改善も実施された。

① 掲示物掲示マニュアルの策定

せっかくポスター掲示スペースやパンフレットスタンドを設置しても、運用ルールが従来のままであればすぐに掲示物であふれてしまう。そこで、美観の維持と効果的な掲示物の活用を企図し、掲示物を棚卸しして分析し、掲示物管理の流れ、掲示可否の決め方、掲示場所の決め方、掲示の仕方、維持管理の仕方をまとめた掲示物掲示マニュアルを策定した。

② 文書・封筒の案内改善

改善前までは市民へお知らせ文書を送る際、封筒及び文書には課名、担当

名を表示していたが、窓口改善によってサインが変更されたことにより、課の番号、色が設定され、課名、担当名に併せて番号、色、階数による案内が実施されるようになった。課の番号、色の表示は市民課・保険年金課の番号発券機のタッチパネル表示ともリンクしているため、迷わずに窓口に向かえるようになった。

写真7-12　らくらく証明発行サービスコーナー（左）とおもてなしガイド（右）

③　「おもてなしガイド」、庁内総合案内ガイドの作成

　総合案内を分かりやすくすると同時に、来庁者に寄り添い、目的の窓口への案内から番号発券機の操作補助までを行う案内係として5名の「おもてなしガイド」を配置することで、来庁者に対するサービスの向上が図られた（写真7-12）。おもてなしガイドは嘱託職員であるが、職員と同等の接遇研修を受講するとともに、窓口関係課による業務研修の実施や業務マニュアルの整備によって初期対応力が強化されている。

　おもてなしガイドが庁内を案内する上で、組織や業務内容の頻繁な変更に対し、最新の情報が入ってこないことが課題であった。そこでパソコンやスマートフォンで検索できるよう、各課の業務を電子媒体にまとめた庁舎総合案内ガイドが作成された。これによって常に最新の情報で来庁者を案内できるようになり、おもてなしガイドのモチベーションアップに繋がっただけでなく、すべての職員や電話交換手、夜間警備員にも展開されることによって庁内全体で業務の効率化が実現された。

　以上見てきたように、都城市ではレイアウト改善が業務のオペレーションを変えるきっかけとなり、ソフト面における業務改善とあいまって市民満足の向上に繋がっている。

　来庁者にとって居心地良く利便性を向上するためのファシリティ整備が新たな業務改善を生み、それぞれが両輪となって市民サービスを向上させている好例と言えよう。

3 生産性の向上と FM 視点の業務改善

　本稿で紹介した二つの事例は、かたやフリーアドレス制の導入、かたやマイナンバーカードの導入に伴う窓口のレイアウト改善と、いずれも新たに予算を取ったリニューアルとなっているため、コスト削減に逆行していると捉えられるかもしれない。しかし、どちらの事例も目的は老朽化した備品の単なる更新ではなく、将来のオフィス、窓口のあり方を見据え、業務改善とオフィス（窓口）改善を一体化した戦略的な投資である点に着目していただきたい。

　窓口業務を含めた自治体のオフィスワークにおける生産活動は、情報を基に情報を生み出すプロセスと捉えることができる。入手した情報を個人又はチームで処理し、新たな価値を持つ情報として発信する、という一連のプロセスで生産性の向上を図るには、情報の伝達スピードを上げるか、発信する情報の品質を高めるか、コストの削減を行う必要がある。

　この中で、最も手をつけやすいのはコストの削減であるため、財政状況の悪化とともにオフィスや窓口はコスト削減の対象として捉えられてきた。しかし、コストをすべて削除してゼロにするわけにはいかず、コスト削減だけではいずれ生産性の向上は頭打ちとなってしまう。更なる生産性の向上を図るためには、情報伝達スピードの向上、品質の向上に取り組む必要がある。

　今後、自治体のオフィスや窓口では、これまでの行政改革で取り組んできたコストの削減から成果の質の向上を目指す次の段階に移行し、それに併せて生産性の向上を図るための投資対象としての側面がより重要になってくる。生産性の向上を図るための業務改善には、いち早く情報を入手し、画期的なアイディアを生むために組織の枠組みに囚われない多様なチームワークを発揮できるよう、庁内の様々なスキル、ノウハウを持つ職員とのコミュニケーションを高められるようなオフィス改善を併せて実施することが効果的だ。

　生産性の向上の観点からも FM 視点の業務改善は今後ますますその重要性を増すだろう。

地方創生におけるBPR
——山形県寒河江市のふるさと納税業務での取組み

経済産業省大臣官房秘書課（元寒河江市商工創成課長）
伊藤　耕平

■ はじめに

　全国各地において、人口減少対策である地方創生の取組みとして、新たなプロジェクトが次々と立ち上がっている。特に「ふるさと納税」については、地方創生に係る「プロジェクトの原資」となるだけでなく、「ふるさと納税」を地方創生の「実現ツール」と位置付け、全国の自治体が「ふるさと納税」を活用している。他方、「ふるさと納税」の寄附件数の増加や自治体間の競争激化に伴い、「ふるさと納税」に係る業務量が全国的に増大している。今回、地方創生に取り組む山形県寒河江市の「ふるさと納税業務」におけるBPRの取組みを紹介する。

ふるさと納税制度について

　「ふるさと納税」制度とは、都道府県・市区町村に対して、ふるさと納税（寄附）を行うと、ふるさと納税（寄附）額のうち2,000円を超える部分について、一定の上限まで、原則として所得税・個人住民税から全額が控除されるものである。自分の生まれ故郷への寄附だけでなく、寄附を通じて応援したい全国の自治体への寄附も対象となる制度であり、2008年度税制改正により創設された。

　2015年度税制改正で措置された手続きの簡素化（ふるさと納税に係るワンストップ特例の創設）及び全額控除されるふるさと納税枠の拡充等により、全国のふるさと納税の受入件数（受入額）は、制度初年度である2008年度53,671件（8,139,573千円）、2014年度1,912,922件（38,852,167千円）、2015年度7,260,093件（165,291,021千円）、2016年度12,710,780件（284,408,875千円）、2017年度17,301,584件（365,316,666千円）と受入件数は約32.3倍（受入額は約44.8倍）まで近年拡大している。「ふるさと納税」については、

全国市長会において「寄せられた寄附金が子育てや教育、観光、地域産業の振興等に充当されるなど、地方創生を推進する手段として積極的に活用されているところである。」(全国市長会「ふるさと納税に係る返礼品の送付等について」2018年4月11日)とされているとともに、地方創生に係る国の対応の方向を取りまとめた「まち・ひと・しごと創生基本方針2018」(2018年6月15日閣議決定)においても、「ふるさとや地方公共団体の取組を応援する納税者の気持ちを橋渡しし、支え合う仕組みであるとともに、地方公共団体が自ら財源を確保し、様々な施策を実現するために有効な手段となっている。」と財源確保とともに地方創生の実現のツールとして評価されているところである[1]。

2 山形県寒河江市について

　山形県の中央部に位置する寒河江市は、山形市から20km圏内に位置し、人口約4万人、総面積139.03㎢の昭和の大合併で誕生した自治体である。山形県の「母なる川」最上川と「清流」寒河江川が、市街地を包むように流れ、月山と葉山、遠くに蔵王の連峰と朝日連峰を望み、四季の変化に富んだ美しい景観と豊かな自然環境に恵まれるとともに、県内外を結ぶ複数の国道や山形自動車道が市内を通る県内高速交通網の要衝となっている。豊かな自然環境や恵まれた交通環境のもと、寒河江市ではさくらんぼや米などの農産物を生み出す農業だけでなく、地の利を生かしたさくらんぼ狩りなどの観光業や食品工業やニット産業の軽工業及び輸送用機械器具製造業などの重工業も盛んであり、寒河江市、河北町、西川町、朝日町、大江町から構成される西村山地域の中核的な都市として発展している。

　他方、2005年以降は人口減少(自然減及び社会減)が続き、2015年を基準に2030年に12.1％及び2045年に27.4％減少するとの推計[2]が出されており、山形県内及び全国の他自治体と同様に、人口減少対策が喫緊の課題となっている。

1　ふるさと納税制度に対しては肯定的な評価が多いものの、一部の自治体が送付している制度の趣旨を逸脱するような過度な返礼品に対して、強い批判が寄せられている(「平成31年度地方税制改正等に関する地方財政審議会意見」(2018年11月20日))。
2　推計根拠:「日本の地域別将来推計人口(平成30(2018)年推計)」(国立社会保障・人口問題研究所)

図表 8 − 1 　寒河江市における人口と自然動態・社会動態

	人口	自然動態			社会動態		
		出生数	死亡数	小計	転入数	転出数	小計
2004年	43680	384	389	−5	1351	1272	79
2005年	43625	381	447	−66	1247	1340	−93
2006年	43338	345	402	−57	1202	1336	−134
2007年	43121	363	421	−58	1183	1256	−73
2008年	42999	362	458	−96	1248	1275	−27
2009年	42625	302	451	−149	1209	1436	−227
2010年	42373	355	450	−95	1230	1345	−115
2011年	42104	355	463	−108	1088	1166	−78
2012年	41953	334	485	−151	1133	1154	−21
2013年	41749	316	468	−152	1124	1224	−100
2014年	41546	307	467	−160	1085	1171	−86
2015年	41256	328	491	−163	1091	1218	−127
2016年	40924	291	501	−210	1049	1210	−161
2017年	40693	268	487	−219	1141	1120	21

※人口は各年10月1日、自然動態及び社会動態は各年中
出所：「山形県統計年鑑」及び「寒河江市の統計2018」から著者作成

3 寒河江市における「ふるさと納税」

　寒河江市では、人口減少対策である地方創生に本格的に取り組むために、地方創生人材支援制度[3]を活用して経済産業省からの出向者を受け入れるとともに、地方創生を担当する課として「さがえ未来創成課（現在の企画創成課）」を2015年4月に創設した。また、「ふるさと納税」を地方創生のツールと位置付け、「さがえ未来創成課」の創設時に、「ふるさと納税業務」を財政課から所管替えした。「さがえ未来創成課」は、ふるさと納税を特定のプロジェクトに活用するガバメント・クラウドファンディングの実施[4]や主に寄附者をターゲットとした観光物産祭りの開催[5]などに取り組み、その結果、2014年度941件（23,127,931円）、2015年度56,233件（1,371,787,564円）、

---

[3] 地方創生人材支援制度：地方創生に積極的に取り組む小規模市町村に対し、意欲と能力のある国家公務員や大学研究者、民間人材を、市町村長の補佐役として派遣する制度（2015年度創設）。
[4] 文化財保護を目的とした「僕らの宝　慈恩寺を守ろう！プロジェクト」（寄附者：372人/寄附額8,765,000円）や病児保育施設の建設を目的とした「日本一さくらんぼの里に地域初の病児保育施設をつくろう！プロジェクト」（寄附者：861人/寄附額14,044,000円）を実施。

写真8－1　寒河江市ふるさと納税カタログ（2018年版）

2016年度94,685件（2,326,977,943円）及び2017年度75,179件（1,634,759,014円）と寄附件数及び寄附金額を大幅に増加させ、2016年度は全国18位、2017年度は全国17位の寄附金額を記録した。寄附件数等の増加だけでなく、利用者の評価等の総合評価で決定する楽天市場ショップ・オブ・ザ・イヤー2016における「ふるさと納税賞」の受賞や「ふるさと納税制度」を所管する総務省の野田聖子大臣（当時）による「ふるさと納税を活用した地域の活性化に成果を挙げている地方自治体」としての視察を受けるなど、寒河江市におけるふるさと納税は全国的に高い評価を得たところである。

5　西村山1市4町の役場等で構成された「やまがたどまんなか探訪プロジェクト会議」（会長：寒河江市）が、ふるさと納税寄附者等の県外関係者をターゲットとした観光物産祭りを2015年度東京都渋谷区、2016年度宮城県仙台市において開催（各年度ともに限定招待者1,000人以上が参加）。

図表8-2 寄附の流れ

寄附の方法

インターネットサイト以外からのお申込みとインターネットサイトからのお申込みの二通りの方法があります。

インターネットサイト以外からのお手続き	インターネットサイトからのお手続き
①寄附申込みについて 　郵送、FAX、電子メール、直接持参などにより寄附申込書と特産品申込書をご提出ください。 　寄附申込書と特産品申込書は本市ホームページからダウンロードされるか電話等でご請求いただけます。	①寄附申込みについて 「ふるさとチョイス」 (http://www.furusato-tax.jp/japan/prefecture/06206)」や 「楽天ふるさと納税」 (http://www.rakuten.co.jp/f062065-sagae/) からお申込みください。

②寄附のご入金について ・郵便局（お申込み後に寒河江市より払込用紙を郵送いたします。払込手数料は無料です。） ・銀行振込（お申込み後に振込先口座をご連絡いたします。振込手数料はご負担ください。） ・直接持参 などからご入金ください。	②寄附のご入金について ・クレジットカード（お申込み者名義のカードでお手続きください。） ・郵便局（「ふるさとチョイス」からのお申込みの場合のみ。お申込み後に寒河江市より払込用紙を郵送いたします。払込手数料は無料です。） ・銀行振込（振込手数料はご負担ください。） などからご入金ください。

③特産品や書類の送付について
　入金確認後に特産品や寄附金受領証明書等の書類を送付いたします（特産品と書類は別々に発送いたしますので、発送が前後する場合があります）。

④税の優遇措置について
　確定申告や住民税申告をされる方は、寄附金受領証明書を添付資料として申告することで寄附金控除を受けられます。
　確定申告や住民税申告をする必要がない方でお申込みの際に「ワンストップ申請書の送付を要望する」をお選びいただいた方には、ふるさと納税ワンストップ特例制度（※）の申請書を郵送いたします。特例の適用を希望される方はご記入の上、必要書類と一緒に寒河江市に申請書を返送ください。
※確定申告や住民税申告をする必要のない方でふるさと納税先団体が5団体以内の方は、各ふるさと納税先団体に特例制度の申請書を提出することで、確定申告や住民税申告を行わなくても、ふるさと納税についての寄附金控除を受けられる制度。

出所：寒河江市ふるさと納税カタログ（2018年版）

4 業務改革

(1) 体制整備と業務量の増大

　寒河江市では、年間寄附件数が1,000件以下であった2014年度以前において、「財政に関すること」を所管する財政課の課長補佐1名が「ふるさと納税」を主に担当していた。しかし、2015年度に年間目標寄附金額を前年度比4倍以上となる1億円（想定寄附件数：5,000件）に設定したことを踏まえ、目標達成のために創設された「さがえ未来創成課」において、ふるさと会などの業務を担当する「イメージアップ推進係」の課長補佐1名、主査・係長1名、主任1名の3名をふるさと納税担当とし、寄附件数の増加及びそれに伴う業務の増加に備えた。

　「ふるさと納税業務」のうち、寄附者が郵便局・銀行やインターネットサイト等を通じて寄附を行った後の担当課の業務において、

　①寄附金の入金等の確認
　②確定申告等で必要となる寄附者への寄附金受領証明書の送付
　③確定申告が不要となるワンストップ特例の希望者への特例申請書の送付
　④特例申請書の受領（2016年からマイナンバー等に係る書類も必須化）
　⑤ワンストップ特例制度を利用した寄附があった旨の課税自治体（寄附者が住む自治体）へ通知
　⑥寄附者が返礼品を希望する場合は返礼品の発注・送付管理を行う

　このように、1件の寄附において多くの業務工程を要する。また、これに加えて、各工程において寄附者からのクレームや問い合わせに対応する必要がある。寒河江市では当初3名の担当職員に加えて、臨時職員1名を採用し、「ふるさと納税業務」に係る体制を整備したが、結果的には想定以上の業務量が発生する事態となった。

　想定以上の業務量が発生した主な要因は三つある。

〈業務拡大①〉

　寄附金額の目標1億円を達成するために、寄附の大半を占めるインターネットサイトを経由した寄附を増やす必要があったことから、まず、楽天市場（ふるさと納税部門／運営：楽天株式会社）への新規出店（寒河江市ページの開設）を行い、新規寄附者の獲得に取り組んだ。また、既に利用していたふるさと納税総合サイト「ふるさとチョイス」（運営：株式会社トラスト

バンク）においても、寒河江市の特産品である返礼品の写真を魅力的なものに差し替えるなど寒河江市ページの全面改訂を行い、返礼品等を通じた寒河江市の魅力のPR強化を図った。

〈業務拡大②〉

また、寄附への大きなインセンティブとなる返礼品についても、地元事業者と協力しながら、寒河江市の地域資源である新たな返礼品の発掘・開発に取り組んだ。具体的には、返礼品を提供する協力事業者に企画等を丸投げせずに、さがえ西村山農業協同組合（JA）や食品加工業者などを市職員が直接訪問して、地域の宝として寄附者への返礼の品に相応しい商品を探すとともに、時には返礼品に適した商品となるように、事業者とともに商品開発を行った。その結果、25品程度だった返礼品数を、寒河江市産ブランド米「はえぬき」や地場産業であるニット製品などを加えて、約150品の返礼品を揃えた。

〈業務拡大③〉

既述のとおり、寒河江市では、特定のプロジェクトのために寄附を募集するガバメント・クラウドファンディングを活用して寄附を集めるとともに、プロジェクトを通じたシティプロモーションを行った。具体的には、液体の散布事件が発生した国の史跡指定「慈恩寺」の重要文化財を守るために防犯カメラを設置するプロジェクト「僕らの宝　慈恩寺を守ろう！プロジェクト」を2015年6月にスタートし、7月までの38日間に目標の約195％となる876万5千円を集めるとともに、観光コンテンツとなる慈恩寺の仏像写真集等を寄附者に配布するなどのPRに努めた。

また、小児科クリニックの誘致と連動した「日本一さくらんぼの里に地域初の病児保育施設をつくろう！プロジェクト」を2017年12月にスタートし、翌年3月までの97日間に目標の約108％となる1,404万4千円を集めた。

両プロジェクトについては、地元新聞に掲載されるだけでなく、ふるさと納税を特集した雑誌やワールドビジネスサテライト（WBS/テレビ東京）の全国放送にも取り上げられるとともに、ふるさと納税総合サイト「ふるさとチョイス」とのタイアップとなる東京・渋谷駅における大規模広告（無料）を行うなどのPRを行った。

本プロジェクトの立ち上げに当たっては、企画及びプロジェクト関係者との連絡調整、サイトにおける特別ページの作成などの業務が発生するとともに、マスコミ等による大規模露出に伴い本プロジェクトに係る激励や問い合

わせが殺到した。

　上記のインターネットサイトを通じたPR強化、魅力的な返礼品の追加及び関連プロジェクトの開始に伴い、2015年6月以降に寄附が急増するとともに、ふるさと納税の年間締め切りとなる年末に向けて11月以降加速度的に寄附件数が増加し、2015年度寄附実績は目標金額の約14倍となる13億7千万円（5万6千件）となった。他方、寄附件数の激増に伴い、寄附金受領証明書の発行・送付などの通常業務に加えて、返礼品の発送時期などに関する問い合わせ対応などの業務も爆発的に増加した。

（2）増大する業務量への対応策

　上記の業務量の増加に対して、当初、非常勤職員を2015年4月に1名を採用し、常勤職員3名と協力しながら各種問い合わせ対応や関係書類の発送などの単純作業に従事してもらった。しかし、加速度的に増加する業務に対して、更に非常勤職員を同年11月に2名を採用するとともに、課内の業務を見直し、課長及び他の係2名を含む課内全員体制で「ふるさと納税業務」を手伝うなど、更なる体制強化の必要に迫られる事態となった。

　このような状況を踏まえ、寄附件数が増大し続けた年末及び寄附件数が落ち込む1月～3月に、業務の効率化について検討を本格的に始め、抜本的に「ふるさと納税業務」に係る体制を見直した。見直しにおいては、これ以上の寄附件数の増加（量）は過度に求めず、ふるさと納税業務におけるサービスの質の向上及びふるさと納税を通じた効果的なシティプロモーションの実現（質）を重要視した。

① まず、ライン関係なく課内全員が実質的に「ふるさと納税業務」にかかわることになったことから、外部からの問い合わせなどに対応する非常勤職員を課内の中央に配置するレイアウトに変更し、課内全員が物理的・効率的にサポートできる体制に整えた。また、各非常勤職員のレベルアップ及び業務の平準化を図る観点から、業務マニュアル及び作業引継ぎ書を新たに作成するとともに、各非常勤職員の担当業務（問い合わせ対応、入力作業、封入作業など）を週ごとに交代させた。特に、ふるさと納税の手続きや返礼品の発送時期などの特定の問い合わせが、特定の時期に集中して発生したことから、担当者以外の者が問い合わせに対応可能できるように

課内共有Q&A集を作成するとともに、シーズンごとに返礼品の発送時期などをホームページに掲載するなど、きめ細やかな情報提供を行うことで、問い合わせ自体の減少に努めた。

② また、寄附者数万人に対して寄附金受領証明書などの書類を複数回送付する必要があることから、同様に大量の発送業務を扱う税務課と連携して、初期投資は高額だが効果的に大量の発送を行う自動紙折り機を導入した。また、作業の効率化に加えて手入力等によるヒューマンエラーを防ぐために、データ管理においてバーコードシステムを導入するとともに、既存管理システムの改善を図るために、システム開発者を招聘するなど、システム開発会社との連携強化を図った。

③ 返礼品などのふるさと納税を通じた市のPRを強化する観点から、PR担当として、県外在住のプロカメラマンを地域おこし協力隊[6]に採用し、市職員による素人PRから効率的・効果的なPRへの転換を図った。また、新たな返礼品の発掘においては、ビジネスにおける目利き力に優れた地方銀行などの地元金融機関から返礼品候補となる特産品の推薦を集うとともに、新たに採用した女性非常勤職員による「消費者（主婦）目線の商品開発手法」を採用するなど、組織内外の人材・機関を活用した。

④ そして、機動的かつ効率的に「ふるさと納税業務」に対応する観点から、地域に精通した観光物産協会への業務の一部委託を2016年度から実施した。観光物産協会では、これに併せて民間経験のある事務局長を採用するとともに、市役所において「ふるさと納税業務」を担当し、ノウハウを蓄積した非常勤職員を観光物産協会が改めて雇用するとともに、希望者は観光物産協会の正規職員に昇格するなどの処遇改善を図った。

本委託を通じて、「企画立案」を担う市役所と「業務執行」を担う観光物産協会の役割分担制を導入するとともに、観光物産協会への委託において、

---

6 地域おこし協力隊：都市地域から過疎地域等に生活の拠点を移して、地域ブランドや地場産品の開発・販売・PR等の地域おこしの支援などの「地域協力活動」を行う者を、自治体が「地域おこし協力隊員」として委嘱する制度。

寄附件数に応じた報酬（委託費）を支払う仕組みを導入することで、新規及びリピートの寄附に直結する業務執行サービス（電話対応など）の改善が自主的になされる仕掛けを導入した。

なお、本委託は、「ふるさと納税業務」の効率化だけでなく、委託による観光物産協会の機能強化を通じて、観光物産協会を地域の観光商品や特産品を一体的に取り扱う地域商社へと脱皮させる取組みの一環として位置付けた。財務基盤を強化した観光物産協会では、返礼品に採用されている特産品を扱うオンラインサイトを拡充するとともに、国内旅行業取扱管理者の採用及び旅行業法に基づく登録を行い、ふるさと納税寄附者向けの観光商品などを販売し始めている。

結び

業務効率化や観光物産協会への業務移管などにより、業務改善後の2016年度における「ふるさと納税業務」に直接関与する市職員は、課長補佐1名、係長1名及び臨時職員1名の3名となり、改善前の最大人数8名から5名減を実現させた。また、その一方で、業務改善後となる2016年度及び2017年度の寄附件数を、業務改善前となる2015年度に対して約1.7倍及び1.3倍と高い成果を実現させた。

山形県寒河江市では、業務改善により余裕が生じた政策マンパワーやふるさと納税で確保した財源を活用し、給食費無償化の推進、子供・子育てインフラの充実及び子育て世代への住宅補助の拡充などの子育て支援並びに森林資源などの地域資源を活用したまちづくりなど地方創生プロジェクトに集中投資を行い、2017年は13年ぶりに転入人口の超過となった。他方、今後も寒河江市において地方創生を実現し続けるには、財源確保に加えて産業振興やシティプロモーションにおいて効果を持つふるさと納税に精力的に取り組む必要があり、今後も高止まりする「ふるさと納税業務」について、間断ない見直しが必要である。

また、今後も人口減少する全国の自治体においても、ふるさと納税を含むすべての業務分野で、人口減少を起因とする新たな行政課題（ニーズ）が生じることから、攻めの地方創生の観点からも柔軟かつ機動的な行政組織として積極的に業務改革に取り組むべきである。

第9章 学校給食費の公会計化
──組織・制度の変更を伴うBPR

株式会社NTTデータ経営研究所
小島　卓弥・鶴田　彬

1 学校給食費の公会計化とは何か

　本稿では学校給食費の公会計化について、整理していく。それに先立ちそもそも論として、学校給食費について整理する必要がある。学校給食費とは学校給食法第11条及び学校給食法施行令第2条により定められており、学校給食を提供するのに必要な経費の内、学校給食を調理する設備・機材及び調理員の人件費を除く、食材費の実費がそれに相当する。

　そして、この学校給食費については、長らく大半の学校において自治体における公費ではなく私費、すなわち読んで字のごとく「わたくしの費用」として整理されてきた。したがって、学校名（学校長名）で徴収し、学校単位でプールし管理され、当該学校の給食費にのみ充当される仕組みであり、自治体の公費としては扱われてこなかったのである。

　これを自治体の公費として取り扱うことができるよう、制度変更をする取組みのことを学校給食費の公会計化、と呼称している。給食費を学校単位で徴収するのではなく、同一自治体の小中学校の給食費を一括して徴収・管理し、公費とするということである。

　なお、自治体における公会計化という用語には、自治体の決算を発生主義・複式簿記で実施、あるいは整理することを指す用法があるが、本稿で紹介する学校給食費における公会計化とは全く異なることをまず指摘しておく。

2 なぜ学校給食費の公会計化が必要なのか ～課題と期待される効果

　学校給食費の公会計化がなぜ必要なのか。これについては、公会計化を実施した自治体によって目的が異なるが、主な理由は以下のように整理できる。

① **不正経理対策と会計の透明性向上**

既述のとおり私費会計下での学校給食費は、公費ではないため自治体の財務会計（及び財務会計システム）の仕組みに計上されることがなく、それが故に多くの場合、自治体からの監査を受けることもなく、独立した形で存在している。

したがって、悪意を持った事務職員等が存在した場合、集金された学校給食費を不正に私的流用してしまうケース等が少なからず存在した。また、悪意を持ってではないものの、適切に帳簿に計上したり執行管理を行わず、残高が不明確となったり、他の私費（学校徴収金等）と混在してしまうケース等もあったという。

公会計化することで、給食費の徴収を学校単位ではなく自治体の財務会計制度の中に組み込むことで、そもそも学校でこれらの業務を行わない（あるいは最小限にする）こととすることで、不正経理が発生しにくい仕組みとし、さらに監査などの対象とすることで、その透明性向上を図るというのが一つ目の目的である。

② **教職員の負担軽減**

次に、教職員の負担軽減である。学校単位の私費会計で処理されている際に、学校給食費を滞納する者が現れた場合、それを支払うよう督促するのは学校事務員及び教員（主に教頭等の幹部教員）であった。滞納の督促は税等のそれを専門とする部署でも苦労するものだが、専門家ではなく、組織としても専門性を有しない学校において、督促業務を教職員が対応することは、肉体的（時間的）にも精神的にも負担が大きい。電話や自宅へ往訪しての督促は通常の勤務時間内では効果が限定的で（不在の場合等が多いため）、夜や休日に往訪することが効果的であるが、当然のことながら教職員の負担が更に増加することになる。特に近年、学校における教職員の負担軽減の必要性が指摘される中、この対策は急務である。

学校給食費を公会計で自治体に集約することで、教職員から当該業務から解放するとともに、それを専門とする職員や外注先（サービサーや法律事務所等）に集約することも可能になり、督促業務の効率化・高度化を図ることが期待できる。

③ **滞納額増加に伴う、食材調達費不足の弊害の解消**

既述のとおり、私費会計における給食費は食材費の実費を学校単位で管理

しているものである。当然のことながら、余計に徴収をしている訳ではないため、滞納額が増加してくると食材調達費に不足が生じることになる。一方、学校給食費が私費の場合、不足が生じても公費である一般会計から補填することは原則としてできない。その結果、使用する食材やおかずを減らすような対応が実際に私費会計の学校現場では少なからず発生しているという。

しかし、これは毎月きちんと給食費を支払っている多くの生徒にとって不公平が生じるものであり、望ましい形とは言えない。

これを公会計化することで、一般会計から不足分は補填して充足させる一方、②で整理したように滞納督促は別途適正化することで、給食費を支払っている生徒への公平性を担保することができる。

④ その他

その他、公会計化することで、本人（保護者）の同意を得てだが児童手当からの支払が可能になったり、悪質な滞納者に対する法的措置を自治体主導で実施する等の対応が可能になる。

また、学校単位で徴収している際には指定金融機関からの引き落とし、もしくは振込み等の形くらいしか支払い方法に対応していない（できない）状況だったが、公会計化することで自治体のスケールメリットを活かし、指定金融機関以外での引き落としが可能となったり、コンビニエンスストアでの収納、インターネット経由でのクレジットカード決裁等、多様な支払い方法を可能にした自治体も登場した。これらは支払い手段の多様化という意味で、給食費を支払う親にとって一定のメリットが生じる形となっている。

更に、食材調達においてこれまで各学校単位でばらばらに発注していたものを、調味料や冷凍食品等、比較的日持ちがして共通的に発生する食材に関しては、自治体全体で一括して入札を行う単価契約とすることで、調達コストの引き下げ等の効果も期待できる。

ここまで整理してきたように、私費会計下での学校給食費の徴収・管理はいくつかの課題があり、その対策として公会計化が進んできたわけである。一方、公会計化を図ることで、支払い方法の多様化や食材調達コストの低減等、副次的な効果も期待できることが分かってきた。

図表9-1　公会計化に当たっての標準的なスケジュール

年度	X-2年度					X-1年度												X年度	
月	10	11	12	1	2	3	4	5	6	7	8	9	10	11	12	1	2	3	4	5
プロセス	検討体制の整備																			
				徴収・管理の在り方の検討																
								徴収・管理の実施体制等の検討											
													移行準備						
														予算編成				公会計導入	

出所:筆者作成

3　どのように公会計化を進めるか

　公会計化とは、業務を実施する体制ごと見直す、大きな業務改善でもある。そのため、いくつかのステップを踏んで、公会計化を具体化していく必要がある。

(1) 検討体制の整備

① 公会計化の意思決定と検討体制の整備

　まず、庁内で公会計化の意思決定をする必要がある。公会計化を果たした自治体では、首長の選挙公約、議会からの提案、教育委員会事務局でのボトムアップ、不祥事への対応等様々なきっかけから公会計化の検討をスタートしている。公会計化には既述のとおりいくつかのメリット、課題への対応機能を有しており、何を目的に実施していくのか庁内での検討と、意思決定を果たす必要がある。

　その上で、検討体制を整備していく必要がある。基本的に教育委員会事務局等で検討を進めていくことになるが、移行に際しては、財政部門、出納部門、政策法務部門、情報システム部門等幅広い部署と協議の上進めていく必要がある。そのため、教育委員会事務局そのものの準備態勢を構築するとともに、各部門との協議の場を整えていく必要もある。

(2) 徴収・管理のあり方の検討・実施体制等の検討
① 組織の変更・拡充

公会計化は会計の仕組みの変更とともに、業務の実施方法の変更も行う必要がある。これまで、学校単位で実施されてきた給食費会計の処理を、全校分を自治体本庁に集約していくことが必要になる。

その際、これまではそれぞれの学校の事務員や教員がそれぞれ少しずつ分担して処理してきたが、これを自治体本庁に集約することが必要になる。その際、薄く広く分担処理されてきた業務が集約化されることで、急に大きな業務量が顕在化することになる。これを、従前どおりの体制で処理しようとすると、業務量過多となり本庁の給食担当職員が疲弊してしまうことになる。

そのため、公会計化に当たっては、本庁の業務量が増大することを念頭に、本庁の給食担当の組織を拡充する対応が必要となる（上記検討部門を実務部門に衣替えしていく方法もある）。公会計化に伴い、業務量が増大する業務は以下のものが想定される。

ⅰ 給食費そのものの管理業務（口座登録、入金確認、減額処理等）

　従前、学校で処理してきたこれらの業務を一括で処理するためこれに対応する業務量がまず増加する。システムの導入等によりある程度軽減することが可能だが、自治体組織の規模が大きくなればなるほど対応する職員が必要となる。

ⅱ 滞納督促

　後述するように、公会計化に伴い滞納率が増加する傾向がみられる。自治体ごとに給食費の滞納率は大きく異なるが、元々滞納率が高い自治体及び、人口規模が大きな自治体では、かなりの滞納が発生することになるため、それに対応した要員が必要となる。専任の非常勤職員や嘱託を雇用したり、督促業務を専門とするサービサーや法律事務所等に業務委託する方法もある。また、税等の滞納督促を行う部門に業務移管し、一体的に督促を行ってもらう等の体制を構築する方法もある。

ⅲ 食材の調達に伴う業務（入札や支払い処理等）

　既述のとおりこれまで、学校単位で発注していた食材調達に関しても、支払い処理はすべて自治体単位で実施することになる。これに伴い、納入業者への自治体における入札参加資格の登録や各種衛生基準や自治体への

税の滞納の有無の確認等、自治体における納入業者に適した組織であることを確認する手続きに対応してもらう必要がある。また、一部食材の調達で入札を導入する場合にはそれに対応した体制が必要となる。また、自治体の側でも学校単位での支払い業務が集約されるため、それに対応した要員の確保が必要となる。

ⅳ アレルギー食、宗教食等の対応

近年食品に対するアレルギーを有する児童が増えていると言われており、この対応が非常に重要になっている。自治体により除去食を提供したり、一部食材を提供しない代わりに給食費を差し引く等の対応が行われているが、この情報収集及び給食費への反映（一部食材の不提供の場合）方法を整えておく必要がある。

また、近年海外出身者の児童も増加傾向にあり、それに伴い生じる宗教食の対応を実施している自治体では、同様の対応が必要となる。

ⅴ 欠食等の対応

長期の休養、学級閉鎖、運動会等の各種イベント等様々な要因で給食の欠食が生じることがある。これらの情報は学校から収集する必要があるため、学校事務の協力を得ながら、情報を集約するとともに、個々人の給食費徴収に反映していく作業が必要となる。

② 支払（集金）方法の確立

現状、多くの学校において給食費は口座振替、もしくは振込の形で実施され、一部希望者のみ納付書、もしくは現金での納付というケースが多い。ただ、これは学校の口座に振り込まれる形となっているため、在校生・新入生を含め口座の変更手続きを実施してもらうことが必要になる。

また、学校単位での集金の場合、特定の金融機関等１行のみとされているケースが少なくないが、自治体の場合は指定金融機関があり、また指定金融機関並みの扱いができる複数の金融機関が指定できるケースもある。また、近年では公営住宅や水道料金等の支払いをコンビニエンスストアでの支払いでも可能にしていたり、ふるさと納税の振込み方法としてインターネット経由でクレジットカード等を用いることができるようにしているケースもある。

これらの仕組みは、公会計化された給食費の支払い方法としても活用（流用）可能である。支払い方法が多様化することで、給食費を支払う保護者にとっての利便性の向上を図ることが期待でき、結果として滞納を防ぐことも

期待できる。

　そのため、会計・出納部門と協議を行い、公会計化を行うに当たり、保護者に提供できる支払い方法を決定し、またその申請様式等の作成、集金した資金の消し込み処理（支払われた給食費を誰が支払ったか帳簿に反映）の方法等を決定していく必要がある。

③　システムの導入

　①②で整理した業務を効率的に推進していくためには、膨大な児童の名簿と振込口座を紐付けし、かつそれがきちんと支払われているかどうかを把握する仕組みが必要である。また、学校給食は本人の長期欠食や運動会、学級閉鎖等様々な要因で給食費を減額処理することが要求され、当然のことながらこれらを紙で処理することができず、システム化が重要になってくる。

　既に、いくつかのシステム会社からパッケージソフトの形で、給食の公会計化に対応したシステムが販売されている。これも、住民記録や財務会計、学籍簿等既存のシステムのサブシステムとして提供されているものや、それらとは独立して単体のシステムとして提供されているものもある。

　また、システムの導入に当たり、給食のアレルギー対応や宗教食の対応等を実施している自治体では、それらに対応したシステムも提供されており、目的に合わせて検討することが必要である。

④　滞納管理

　給食の公会計化には一つ大きなデメリットがある。それは、滞納率の増加である。学校単位での徴収と比べ、公会計化されると徴収業務や督促業務は地域から離れた自治体本庁で実施されることになる。そのため、緊張関係が緩むせいか距離感が離れるせいか、地域差等もあるものの概ね1％前後滞納者が増えると言われている。とは言え、公会計化は徴収業務の適正化のために行われるもので、それにより滞納率が増加してしまうのは由々しき事態であり、導入の際にそれを見越した対策を行うことが必要になる。

　多くの場合、手紙による督促状の送付、電話での督促、家庭への往訪による督促、催告状の送付、法的措置という形で対応が強化されていく。また生活困窮世帯向けには生活保護や就学援助の利用を案内することも必要になる（これは給食費の問題ではなく、児童の健全な成長のため）し、本人の同意の上児童手当から、給食費を充当する対応等も公会計化することで可能となる。

したがって、これらの滞納管理に関する仕組み作りも同時並行で実施し、公会計化により滞納率が上がらないような工夫を実施していく必要がある。特に、公会計化されることで、児童手当からの充当（保護者の同意を得て）や、法的措置等が実施できる（しやすくなる）等、より効果的な督促の実現が可能になる部分もある。また、既述のとおり自治体には税部門に税や各種利用料等の滞納督促を専門とする体制がとられている。悪質な滞納についてはこれらの部門と連携する等、複合的な対策が必要となる。

（3）移行準備
① 条例や規則の改定
　給食費の公会計化に当たり、本庁でその処理を行うに当たっては、その根拠や処理の方法等を定める、条例や規則の改定が必要になる。ただし、その範囲や深さ（詳細さ）については自治体によって異なり、先行実施している自治体でも規則のみを定めたというケースも少なくない。そのため、会計・出納部門や政策法務部門等とも協議の上必要なものを定めていく必要がある。なお、条例や規則に関しては議会の議決が必要になるケースも当然出てくるため、それを見越した準備とスケジュールの確保が必要となる。

② これまで残ってしまった滞納債権の整理
　学校単位で私費会計で処理をしてきた給食費に関して、多くの場合滞納債権が残っている。この処理をどのようにするか検討及び対応が必要になる。
　公会計化した自治体では、ⅰ自治体に債権を譲渡、ⅱ学校の債権をそのまま残す、のいずれかの対応をとっているケースが多い。ただ、ⅰについてはもともと保護者と学校との結ばれてきた契約に基づく債権のため債権譲渡に関する通知を滞納者に行う必要がある。

③ ステークホルダーへの説明
　公会計化に当たっては後述する庁内調整はもちろん、議会やPTA、校長会等様々なステークホルダーに説明を行う必要がある。また、自治体によっては導入に関するパブリックコメントを実施したり、保護者向けの説明会を実施しているケースもあるようだ（逆に、周知の文書だけで済ませている自治体もある）。
　導入自治体によれば基本的に公会計化について否定的な反応は見られないようだ。ただ、自治体の置かれている地域特性等により反応は微妙に異なることが想像され、各自治体において必要な説明を丁寧に実施することが必要

である。

また、これらとは別に納入業者向けの説明会が必要になるケースが想定される。特に、自校方式（学校に給食調理室が併設されていて学校単位で調理を行っている）の場合には、地域の小規模商店等に食材調達を委ねているケースが少なくない。一方で、公会計化に伴い、食材の納入は自治体に対して実施することになるため、それに相応した制度に対応させる必要がある。ただし、自治体が有している既存の入札参加資格等では小規模商店等が参入できなくなる可能性もあるため、必要に応じて制度の改正を図るとともに、納入事業者に対してもそれらに対応した業者登録等の周知を行う必要がある。

④ **予算に関係する対応**

公会計化に当たり、一般会計の一部に位置付けるケースと、特別会計として別枠管理するケースとの両方がある。前者は給食費等が不足した（滞納の増加や天候不順等による食材の高騰等）場合に一般会計から充当する等が比較的容易にできる一方、給食費の滞納等が決算全体の中では見えにくいという課題がある。後者は給食費に起因する滞納や決算の状況が見えやすいというメリットがある一方で、給食費（食材費）が不足した際に一般会計から補填する場合には議会の議決が必要となる等フレキシブルさに欠ける部分があるという課題がある。

いずれにせよ、新規に予算項目を立てる必要があり、予算要求等も行う（歳入としての給食費と、歳出としての食材費）必要があるため、財政部門と協議の上、準備を進めていく必要がある。特に、特別会計を新規に立てる場合には条例の制定等が必要となるため、その準備も必要である。

まとめ

ここまで整理してきたように、学校給食費の公会計化については私費会計として処理されていたことによる様々な課題への対応として導入が進んできた。特に、近年、教職員の負担軽減への必要性が議論される中で、公会計化は大きな効果を果たすことが期待できる。また、私費会計下で抱えていた不正経理や滞納の増加に対応するためおかずを減らす等の課題に対しても解消が期待できる。

一方で、公会計化に伴う体制の整備（本庁要員の拡充やシステム導入等）

や滞納率の増加対策等の必要もある。また、学校サイドの負担軽減を図る一方、本庁サイドの稼動は増加するため、それに対応した体制の整備やシステム導入等が必要となり、予算も確保する必要がある。

　ただし、これらについては、既に先行自治体の取組みにより上記のように検討すべき事項は整理されつつある。滞納率も、対策を講じることで公会計導入時よりも改善した例もあるという。これら先行事例も参考にしながら導入が拡大していくことが期待される。

　学校給食費の公会計化は学校給食制度が導入されてこの50年余り抱えてきた諸課題の解決に有効な手段だと筆者は考えている。導入に際して適切な業務改革が行われ、より効率的で適正な学校給食費の管理が行われることを期待したい。

column
ノウハウ継承も大事な業務改善
～ナレッジマネジメントの必要性

職員数の減少とノウハウ蓄積・敬称の劣化の問題

　本書の中で何度か触れてきたように、行政機関の現場の職員は大幅に減少している一方、仕事は減っていない。これは残業などの増加による職員の疲弊という課題を発生させているわけだが、当然それだけで済むわけもなく、付随して様々な課題が生じている。その中の一つがノウハウ継承の問題である。

　筆者は業務改革を生業としているため、それを実施するため第15章で紹介するように現状把握を行うわけだが、その際に業務の中身が分かるマニュアルや業務フロー等が整備されているケースは驚くほど少なく（要するにほぼ存在しない）、結果その都度業務を実施する職員にヒアリングを行い把握することになる。

　これは、行政機関のノウハウは職員の頭の中に存在しているということを意味する。すなわち、職員が行政機関の中のノウハウを蓄積するハードディスクの役割を担っているわけである。しかし、既述のとおり職員数は減っているわけで、ハードディスクの容量は減少の一途をたどっているわけである。

　一方で、職員数が減っていることで、従来よりも少ない人数で業務処理を行う機会が増えており、場合により一人で業務処理を行わなければならない局面が増えているとのデータもある。実際にヒアリングを行うと、業務の処理方法を確認する先輩がいないので、過去の決裁データ等を紐解きながらなんとか処理するものの、本当に適切な処理なのか自信がないという話すら耳にする。そしてこれが続いていくと、ノウハウをインプットし、継承するOJTの質の劣化も同時並行で発生することになる。

　ノウハウを蓄積するハードディスクの容量（職員数）が減り、インプット（OJT等）の質が劣化すれば、当然行政機関自体が持つノウハウも劣化する

ことになる。これは、首長や幹部職員にはなかなか伝わりにくいのだが、現場では行政の継続性や質の維持を疑わざるを得ないレベルになりつつある深刻な課題だと筆者は感じている。

ナレッジマネジメントの必要性

　これを解消するためには、職員をノウハウ継承のツールとして使うだけではなく、マニュアルや業務フロー等の形で組織に残していく必要がある。特に、文書（特に決裁文書等）には残らないようなノウハウ（暗黙知）をマニュアル等に変換し（形式知）、かつそれを内部の職員が参照できる形にしていくことが必要となる。これをナレッジマネジメントという。

　的確にノウハウが継承できれば、職員が過去の決裁文書を発掘して業務のやり方を解読する考古学のような業務から解消され、より効率的に業務実施が可能となる。それは、業務改善に他ならないのである。

　行政機関でも東京都水道局等いくつかナレッジマネジメントの導入例が見られるようになってきたが、まだまだ十分に行われているとは言いがたい。行政機関（職員）に蓄積されているノウハウが雲散霧消してしまう前に、早急に解消すべき課題ということができるだろう。

　行政機関におけるナレッジマネジメントについてより深く知りたい方は、拙著「地方公共団体におけるノウハウの蓄積・継承強化の必要性：行政版ナレッジマネジメントの可能性」『季刊行政管理研究149号』（行政管理研究センター、2015年）等を参照して欲しい。
　なお、ナレッジマネジメントは野中郁次郎先生が提唱した概念であり、著書『知識創造企業』（東洋経済新報社、1996年※竹内弘高氏との共著）は古い論文ながら、今なお多くの示唆を得ることができる。

第2編
これからのBPR

行政業務への人工知能技術の導入に向けて

株式会社 NTT データ経営研究所
山崎　和行

■ はじめに

ディープラーニング（Deep learning）をきっかけとした第三次人工知能（AI）ブームの到来[1]により、"猫も杓子も AI" という風潮が強くなっているように思われる。しかし、AI のビジネス活用という観点で考えると、「AI で何ができるか」という技術的な視点よりも、「AI を使ってどのような課題を解決するのか、何を成すのか」という成果指向的な視点が重要であることは言うまでもない。

ディープラーニング等の AI 技術や、同技術を活用した製品・サービス等のソリューションの紹介に関する文献や記事は多く存在するが、その多くが技術的視点に基づいて論じられており、成果指向的視点から AI 導入を論じているものは非常に少ない。

本稿では、行政業務への AI 導入を題材として、AI 導入が行政業務に与えるインパクトを事例に基づいて説明した上で、成果思考的な視点に基づく AI 導入の考え方を説明する。行政業務への AI 導入を題材としているが、その考え方は広く応用可能であるため、AI を活用した業務改革を検討している企業、各種団体のご担当者にも有益であると考えている。

AI とは

人工知能（Artificial Intelligence／AI）はコンピュータサイエンスの一分野であるとされているが、専門家の間で一致した定義は存在しない[2]。そも

1 　AI 研究は1950年代から行われており、現在のブーム（第三次 AI ブーム）に至るまでに、第一次 AI ブーム（1950年代後半〜1960年代）、第二次 AI ブーム（1980年代）の2回のブームが訪れている。いずれのブームにおいても当時の AI の技術レベルに対して社会の期待が非常に大きく、そのギャップによってブームが終焉したとされている。

そも「知能」とは何か、「人工知能」とは何か、「人工知能研究」とは何か等、人工知能の専門家が独自の理解、解釈に基づいて研究を行っているのが現状である。

　本稿では、日本における人工知能研究の主要学会である人工知能学会にて紹介されている情報に基づいて定義を行う。同学会では、人工知能研究は二つの立場があるとしており、一つは人間の知能そのものを持つ機械を作ろうとする立場、もう一つは人間が知能を使ってすることを機械にさせようとする立場である[3]。現状、社会実装されているAIのほぼすべては後者であることから、本稿では後者の定義を踏襲する。しかし、この定義では人間が知能を使ってすること（知的活動）の"程度"が明確になっておらず、単純な計算問題を行うプログラムから前述のディープラーニングまですべて人工知能ということになる。そこで本稿では、前述の立場を踏襲しつつ、"程度"を現在社会実装で多く用いられているAIの方法論に基づいて具体化する。

　現在、社会実装が進められているAIの多くは機械学習（Machine learning）という技術が用いられている。機械学習は大量のデータ（教師データ）を解析することで、規則、ルール、知識表現、判断基準等を機械的に学習・抽出し、人間の知的活動の実現を目指す技術である。前述のディープラーニングも本技術に包含されており、多くの業界・業種において活用されているのは周知のとおりである。以上を踏まえ、本稿におけるAIの定義は「機械学習的アプローチに基づいて、人間が知能を使ってすること（知的活動）を機械で実現する技術」とする。

2　行政業務へのAI導入の現状

　近年、少子高齢化に伴う人口減少、社会保障関連費の増大、道路・水道をはじめとした社会インフラの老朽化等により行政を取り巻く環境、特に財政状況は年々厳しさを増している[4,5,6]。さらに、価値観やライフスタイル等の変化に伴って国民・市民のニーズが多様化し、情報技術（IT）等の技術革

2　人工知能学会監修「人工知能とは」（近代科学社、2016年）
3　人工知能学会「人工知能のやさしい説明」https://www.ai-gakkai.or.jp/whatsai/
4　内閣府「平成29年版高齢社会白書」第1章 第1節 http://www8.cao.go.jp/kourei/whitepaper/w-2017/zenbun/pdf/1s1s_01.pdf

新によって企業の事業形態もめまぐるしく変化している。今後、行政業務の実施主体である国・自治体は、このような厳しさを増す状況の中で、これら多様化するニーズに対し、今以上に的確かつ効率的に対応することが求められるようになるだろう。

　このような状況に対応するための手段として、AIが注目を集めており、国・自治体が主体となったAI導入検討が数多く報告されている。以下に近年の国・自治体を主体としたAI導入事例の一例を整理した（図表10－1、図表10－2）。行政業務に限らずAI導入の目的は「効率化」と「付加価値増大」に分類することができる。「効率化」は限られたリソースにおいて業務効率を高めることを目的としており、多くのAI導入事例が本件に該当する。「付加価値増大」は国民・市民へのサービスの価値を高めることで、国民・市民の満足度、健康度等を向上させることを目的としている。

　以上のように、AI導入により業務の効率化を中心に成果を上げている。上述の国・自治体を取り巻く環境変化もあいまってAI導入は今後も加速し、行政業務の効率化はさらに進むことが予想される。

5　内閣府経済・財政一体改革推進委員会 社会保障ワーキング・グループ 第26回（2018年4月19日）配布資料2「社会保障について」（財務省提出資料）https://www5.cao.go.jp/keizai-shimon/kaigi/special/reform/wg1/300419/agenda.html
6　国土交通省「社会資本の老朽化の現状と将来 社会資本の老朽化の現状と将来予測」http://www.mlit.go.jp/sogoseisaku/maintenance/02research/02_01.html

図表10-1　効率化を目的とした AI 導入事例の一例

分類	主要な目的	概要（実施主体）
効率化	業務効率の向上	国会答弁作成業務効率化（経済産業省）[7] 国会答弁作成にかかる時間を26.6％削減。本会議及び各委員会等のすべての会議録を機械学習させ、「質問」と「回答」を分類。検索結果の「回答」に含まれている文章から特徴的な文を抽出し、類似する文をまとめ上げることで「答弁ポイント」を作成する。業務の利便性を向上するために、検索サポート機能及び他情報との連携サポート機能を付与している。
		AI 審査官の導入による審査機関の短縮（特許庁）[8] 過去重複案件の確認、出願技術や商標の分析・分類にかかる時間を軽減する。2023年までに現状の半分の審査期間を目指す。審査待ちのためのビジネスの停滞を防ぐとともに、審査官育成にかかる時間的なコスト削減も視野に入れる。
		生活保護システム庁内問い合わせ（秋田県）[9] 過去の質問内容を学習させ、職員が質問文を入力すると類似した内容の複数の回答をデータベースから探して画面上に提示する。同時に具体的な数値で類似度を示すことで、判断が容易になるよう配慮している。
		音楽のレッスン補助による指導員不足の解消（山梨県）[10] 楽器演奏は反復練習、分析、実行のサイクルが必要なことから、指導員の確保及び育成が課題となっていた。ソーシャルロボット Pepper が AI（顔認識、話者認識）と IoT（静電容量センサーを組み込んだピアニカ）を連携して、小学生の音楽の授業をサポートする。
		イーオのごみ分別案内（横浜市）[11] AI 技術を活用し、ごみの出し方をチャット対話形式で案内する。ごみの出し方に関する問い合わせ対応業務を削減するとともに、ごみの分別精度の向上も期待される。対話シナリオを工夫することで、対話自体が楽しめるように設計されている。
		道路管理業務　破損状況把握（室蘭市）[12] 2018年5月から路面の破損状況の把握と補修の必要性を AI が判断する実証実験に着手。衛星利用測位システム（GPS）と連動した車載カメラで市道を一定区間ごとに撮影し、収集した道路状況データを AI に適用することで道路の損傷や路面のひび割れ状況を数値化する。本システムを使用することで、作業時間の短縮化、道路補修の優先順位の定量判断が可能になる。

出所：著者作成

図表10−2　付加価値増大を目的としたAI導入事例の一例

分類	主要な目的	概要（実施主体）
付加価値増大	国民・市民サービスの価値向上	現場における作業員・重機のモニタリング（国土交通省）[13] スマートフォン等を用いて作業員や重機の位置を検知するとともに、バイタルセンサ等を用いて作業員の健康状態やヒヤリハット情報をモニタリングする。作業員・重機の位置情報を分析することで、生産性に関する情報が取得でき、効率化の対策を立てることができる。
		要介護者自立支援におけるケアプラン作成補助（厚生労働省）[14] AIにより要介護者の体調や症状に合ったケアサービスが提示され、ケアマネジャーはそれを基に最適なケアプランを作成できるようにする。現段階では要介護区分の改善を見込まれる良質なケアプラン作成支援を目標にしているが、いずれは自立促進・重度化予防に資するケアプランを提示できるよう成長させる。
		SAITAMA出会いサポートセンター（埼玉県）[15] AIを活用した独身男女の「婚活」サポート。会員の価値観や性格などに関するアンケートの回答内容をAIが希望条件を加味した上で独自に分析し、相性の良い人を紹介する。中長期的な少子化対策を目指している。
		患者個別の健康状態解析（神奈川県）[16] AIを使用し、個別化医療（※）を実現するとともに、ライフスタイルの見直しを促進。健康寿命を延ばし、誰もが健康で長生きできる社会を目指す。 （※）個別化医療：オーダーメイド医療、テーラーメイド医療とも呼ばれ、遺伝子情報や診療情報などビッグデータを解析し、患者一人ひとりの特性に応じた最適な医療を提供する。
		AIバス（会津若松市）[17] 観光都市でもある同市において、「観光客と生活者の双方が利用できるシェアリング交通」をコンセプトとして、利用者がスマートフォンで送る配車要求をもとにAIが算出した最適ルートをもとにバスを運行させる。観光客の回遊行動の促進や、住民の移動手段の確保が期待できる。
		スマート農業環境向上、農作業員の負担軽減（富山市）[18] 気候・地形等のセンシング及びGPSでの自動操舵を行うAIを搭載した無人コンバイン、トラクター、ドローン等を活用し、ICTによる効率的なエゴマ栽培方法の確立を行うことにより、エゴマの収益性・経済性を飛躍的に高めることが可能。さらに、無人化による作業員減少・労働生産性の向上や、他の地域での展開による耕作放棄地の解消につなげるなど、環境価値の向上に寄与する。

出所：著者作成

7 経済産業省「平成28年度電子経済産業省構築事業 行政事務における人工知能利活用に関する調査研究」(2017年3月) http://www.meti.go.jp/meti_lib/report/H28FY/000690.pdf
8 特許庁「特許庁における人工知能技術の活用(平成28年度の取組と今後のアクションプラン)」(2017年4月) https://www.jpo.go.jp/torikumi/t_torikumi/pdf/ai_action_plan/01.pdf
9 秋田県 プレスリリース「秋田県初、行政向けシステムのサポートAIを新規開発し運用開始」(2018年2月27日) http://www.rdc.pref.akita.jp/wp-content/uploads/2018/02/pressRelease_180227_AI_system.pdf
10 山梨県「輝きあんしんプラチナ社会」の実現に向けたICTの利活用について(2017年1月) https://www.pref.yamanashi.jp/seisaku/documents/iot_honpen.pdf
11 横浜市「NTTドコモ×横浜市共同実証実験 チャットボットを活用した「イーオのごみ分別案内」を公開」http://www.city.yokohama.lg.jp/shigen/sub-shimin/study-event/chatbot.html
12 室蘭民報「室工大と市が連携し路面損傷状況を動画で調査へ」(2018年5月17日) http://www.muromin.co.jp/murominn-web/back/2018/05/17/20180517m_01.html
13 国土交通省 i-Construction 推進コンソーシアム技術開発・導入WG(新技術のニーズ・シーズマッチング決定会議)(2017年10月25日) 発表資料 http://www.mlit.go.jp/tec/tec_fr_000036.html
14 厚生労働省「平成28年度老人保健健康増進等事業 自立支援を促進するケアプラン策定における人工知能導入の可能性と課題に関する調査研究」報告書(2017年3月) https://www.mhlw.go.jp/file/06-Seisakujouhou-12300000-Roukenkyoku/7_senntokea_2.pdf
15 日本経済新聞「埼玉県、AIを活用して縁結び」(2018年8月17日) https://www.nikkei.com/article/DGXMZO34287920X10C18A8L72000/
16 神奈川県「ヘルスケア・ニューフロンティアの概要」(2016年7月21日) http://www.pref.kanagawa.jp/cnt/f534558/p1052153.html
17 河北新報「〈AIバス〉スマホで配車要求、AIが最適ルート計算 乗り合い交通システム会津若松で実証実験」(2018年3月24日) https://www.kahoku.co.jp/tohokunews/201803/20180324_62008.html
18 富山市「富山市SDGs未来都市計画[素案]」(2018年) http://www.city.toyama.toyama.jp/data/open/cnt/3/18608/1/sdgssoann.pdf

3 AI導入のパターン

　AI導入のパターンは、その目的と対象業務に応じて図表10－3にあるように3パターンが考えられる。

　図表10－3の①は既存業務・事業を対象とした効率化であり、企業、国・自治体双方で最も一般的なAI導入パターンである。前述した問い合わせ対応業務や国会答弁作成業務へのAI導入等が本パターンに該当する。企業と異なり、国・自治体は営利を目的としていないため、業務の効率化を指向する本パターンを採用するケースが多く、当該需要を獲得するために多くのITベンダーが効率化を目的としたAIソリューションを開発・販売している。

　図表10－3の②は既存業務・事業の高付加価値化であり、主に企業において採用されるAI導入パターンである。消費者個人に最適化された商品提案（レコメンド）等に活用されており、商品の売上向上や消費者の満足度向上に寄与している。この背景には、AI技術をはじめとした情報処理技術の発展や、コンピューティングリソースの高度化・低価格化があり、近年では実現に向けた敷居が下がりつつある。これにより、企業や国・自治体でもAIを活用した既存業務・事業の高付加価値化が行われている。

　図表10－3の③はAIを活用した高付加価値の新規事業開発である。主に企業における導入パターンであり、国・自治体で適用されることはほとんどない。自動車業界における自動運転自動車、金融業界における金融商品取引や融資審査の自動化、製造業における工場ライン稼働の最適化等々、AIを活用した新規事業開発の事例は枚挙に暇がない。

　国・自治体は営利組織ではないため既存事業の効率化を重視される傾向が強く、図表10－3①が採用されることが多いため、本稿においても図表10－3①を想定する。

図表10－3　AI導入のパターン

目的＼対象	既存業務・事業	新規業務・事業
効率化	①既存業務・事業を対象とした効率化	該当なし
付加価値向上	②既存事業・事業の高付加価値化	③高付加価値の新規事業開発

出所：著者作成

4 行政業務へのAI導入に向けた考え方：①業務分析

　図表10-3の①のパターンについて、前述のとおり、国・自治体が主体となってAI導入を進めるケースが多く報告されている。近年はそれらを追従するように同様のAIソリューションを導入する国・自治体の事例も増加している。例えば、NTTデータ経営研究所で調査を行った結果、問い合わせ対応へのAI導入は、20政令指定都市中、横浜市やさいたま市等の7都市が導入あるいは導入検討を行っている[19]。

　しかし、AIソリューションを単純にそのまま導入すれば効果が得られるような単純な話ではない。国・自治体によって抱えている課題の種類や大小、AIを訓練するための教師データの有無等の事情が異なることがその主な理由である。つまり、そのソリューション導入によって解決される課題は本当に重要かつ優先度の高い課題か、そのソリューションを導入することは現実的に可能か、以上の観点を精査した上で、導入の可否を判断する必要がある。これらを精査した上で判断を行わなければ、AIを導入したものの費用対効果に見合わず、導入自体が無駄になってしまうリスクがある。

　このリスクを回避するためには、自機関の業務においてAI導入による業務効率化効果が最も高く、かつ、AI導入に適した業務を選定する必要がある。そのための第一歩として、AI導入対象業務の選定に特化した業務分析が必須である。以後、NTTデータ経営研究所が過去に実施した官公庁・自治体向けAI導入コンサルティングで活用した手法をもとに説明する。

　業務分析では業務担当職員へのヒアリング等によって主に以下3点の具体化を行う。

① **業務の流れ（業務プロセス）**

　AI導入対象業務の流れとAI導入範囲を明確化するために、各業務プロセスを情報処理単位である「入力」「処理」「出力」の粒度で整理・細分化する。つまり、各業務においてどのようなインプットを、どのように処理し、どのようなアウトプットを得るのかを整理し、より細かい業務単位である業務サブプロセスに細分化していく。各業務サブプロセスにおける「入力」はAIをトレーニングする際の教師データとなるため、入力情報のデータタイ

19　埼玉県 県政ニュース報道発表資料「AIを活用した問合せ対応サービスの実証を行います」（2018年2月19日）https://www.pref.saitama.lg.jp/a0001/news/page/2017/0219-05.html

プ、データ量を詳細に把握することが重要である。「処理」については後述する。

② **業務課題**

各業務サブプロセスの業務課題を具体化するとともに、業務課題に関連する定量指標を設定する。業務課題の設定が的確でない場合、この後に導入するAIソリューションの導入効果も限定的となってしまう恐れがあるため、非常に重要な工程である。

行政業務における主な業務課題は業務負担に関するものであるため、業務課題の大きさに関連する定量指標は、「単位時間当たりの業務発生件数」「業務一件当たりの業務時間」「業務従事人数」等を活用する。この際、定量的な指標を活用することが極めて重要である。AI導入対象業務は合理的かつ客観的な事実に基づいて検討されるべきだが、AI導入検討はそのインパクトの大きさゆえに組織内の複数の部署が関連するケースが多く、部署間の関係性やパワーバランスといったAI導入効果とは無関係の要素が導入対象業務の選定に影響することがあるからだ。このような事態を回避するためには、客観的かつ定量的な業務課題関連指標に基づく評価・選定が不可欠である。むろん、業務課題の大きさに関連する定量指標の値が大きい業務のほうが業務改善時の効果が大きいため、優先的に対応を検討すべき業務となる。

③ **処理の特性**

業務課題の解決に資するソリューションの方向性を定めるために、各業務サブプロセスの「処理」の特性を具体化する。具体的には、各業務サブプロセスにおいて担当者がどのような情報に基づいてどのような業務判断を下しているのか、当該業務は既にシステム化・自動化されているのか（業務の自動化）、担当者の知識・経験に応じて結果が変容する業務なのか（業務の定型性）、知識・経験以外に状況や概念、社会通念等に基づく判断が必要な業務なのか（業務の再現性）等を判断する。以下処理の特性に基づくソリューションの方向性の整理イメージを記載する（図表10-4）。

業務の定型性が高い業務は、AIを導入する必然性が低く、業務の電子化・システム化で十分解決可能であると考えられる。一方、業務の定型性が低い業務は、業務の電子化・システム化で解決できる可能性が低く、AIを導入する必然性が高い。

図表10-4　処理の特性の基づくソリューションの方向性の整理

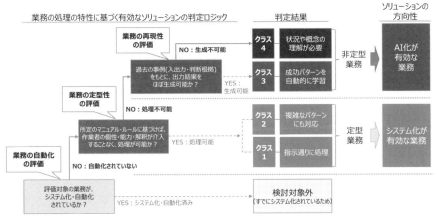

出所：著者作成

以上3点により、次節以降にて説明するAI導入対象業務の選定を行うための情報を整理ができる。

5 行政業務へのAI導入に向けた考え方：②AI導入対象業務の選定

次に、業務分析結果に基づいてAI導入対象業務を選定する。選定条件は主に以下2点である。

① 業務改善効果が大きい

AI導入対象である各業務サブプロセスの業務改善効果を、「単位時間当たりの業務発生件数」「業務一件当たりの業務時間」「業務従事人数」等の指標から定量的に評価する。具体的には上記の値に基づいて各業務サブプロセスをソートし、その相対的な大きさに基づいて分類する。これらの指標の値が大きく、高い改善効果が見込める業務群には、問い合わせ対応等の業務一件当たりの業務時間は短いが単位時間当たりの業務発生件数が多い業務や、年次の運用計画策定等の単位時間当たりの業務発生件数は少ないが業務一件当たりの業務時間は長い業務などが該当することが多い。業務改善効果が相対的に小さい業務はソリューション導入による費用対効果が見合わないことが予想されるため、この時点で検討対象から除外する。

② 業務の処理の特性が非定型

業務の定型性が高い業務の業務課題は、AIを導入する必然性が低く、これまで一般的に実施されてきた業務の電子化・システム化で解決可能であると考えられる。一方、業務の定型性が低い業務（非定型業務）の業務課題は、業務の電子化・システム化で解決できる可能性が低く、AIを導入する必然性が高い。ここで重要なのは、業務の特性に基づいて適切なソリューションの方向性を定めることだ。"猫も杓子もAI"ではなく、AIが適するものはAIを、既存の電子化・システム化が適するものは電子化・システム化を行うことで、的確で無駄のない検討が可能である。

以上の2点より、AI導入による業務改善効果が高く、AIソリューションの適用可能性が高い業務を選定することができる。次章では選定対象業務を対象としたAIソリューションの考案、及び考案したAIソリューションの対応優先度の評価について説明する。

6 行政業務へのAI導入に向けた考え方：③ AIソリューションの実現可能性の評価

上記方法論に基づいて業務を選定すれば、AI導入による業務改善効果が高く、AIソリューションの適用可能性が高い業務が選定できる。次にこれらの業務課題の解決に資するAIソリューションを考案する。その内容は業務課題によって異なるため一概には言えないが、AIベンダーやコンサルタントに頼りきりにせず、課題の根本解決に資するソリューションを成果指向的視点で考案することが重要である。「AIで何ができるか」よりも「AIで何を成すのか」のほうが重要であるのは前述のとおりである。

この後、当該AIソリューションの実現に必要なAI技術を具体化する。例えば、住民からの問い合わせをAIが自動で回答するソリューションの場合、音声情報をテキスト情報に変換する音声認識や、音声テキスト情報を過去の応対履歴データと照合して最適な回答候補を検索するAI技術などが必要になる。AI技術の技術分類等は非常に多岐に渡り、かつ、専門的な領域であるため、必要に応じて大学研究者やAIベンダーやコンサルタントと連携して進めるのがよいだろう。

AIソリューションとそれを構成するAI技術が具体化できたら、その実現可能性を評価する。実現可能性が高いAIソリューションは短期的な導入の可能性が高く、優先的に検討を進める必要がある。一方、実現可能性が低いAIソリューションは何らかの障壁によって短期的な導入が困難であると判断できる。

　具体的には、①データ観点での実現可能性、②技術観点での実現可能性、以上二つの軸で評価を行う。①②双方が高いソリューションは実現可能性が高いソリューションであると評価できる。

① **データ観点での実現可能性**

　本稿におけるAIは機械学習的アプローチを想定しているため、その実現には大量の教師データが必要となる。この教師データとなるのは上記業務分析で整理した「入力」データであり、当該データがAI適用可能な形式で大量に存在していなければ実現は難しい。具体的には、電子化されており、かつ、データが活用しやすいように構造化された形式が望ましい。構造化とは、記録媒体（業務で生じる書式やファイル）のどこに、どのような情報が記録されているのかが明確であるか否かを示すもので、当該記録媒体中のデータの活用のしやすさに直結する。例えば、電話問い合わせの応答記録は、問い合わせ日時、問い合わせ内容、対応内容及び結果等が所定の形式で記録・管理されていることが多く、構造化された情報であると言える。一方で、業務において発生するメモ等は業務上重要な情報が記録されていることが多いが、所定の形式で記録・保存されていることは少なく、非構造化された情報であると言える。記録が大量に保存されていたとしても当該記録が非構造化情報である場合、データ化に非常に多くのコストを要する。また、データ量については、一般的にAIが高い性能を発揮するためには数万件以上のデータが必要であるとされている。以上から、構造化された情報が数万件以上存在する場合、データからの観点で見ると実現可能性は高いと言える。

② **技術観点での実現可能性**

　ソリューションを実現するためには、それを構成するAI技術が存在し、実用に耐え得る性能を示す必要がある。各ソリューションの実現に必要なAI技術の研究開発状況を文献調査や研究者へのヒアリング等を通じて確認し、当該AI技術が既に社会実装まで行われているのか、研究開発中なのか、あるいは現状全く研究開発が行われていないのかを判別する。むろん、社会

実装まで行われている技術であれば技術的実現可能性は高いと言える。一方で、研究開発中あるいは研究が行われていない場合、技術的実現可能性は低いと判断する。

7 行政業務へのAI導入における障壁と対応案

上記までを終えれば業務改善効果が大きく、かつ、実現可能性の高い業務及びAIソリューションが選定できているはずだ。しかし、実際には円滑に検討が進むことは少ない。上述までの評価・選定過程で対象業務がすべて除外されてしまう、AI導入に向けて自組織内で理解が得られない等々。その主たる原因であるAI導入に向けた障壁とその対応策について説明する。

① **教師データがない**

国や多くの自治体、企業が直面する最も一般的かつ大きな課題である。上記のとおり、機械学習アプローチを用いたAIソリューションの実現のためには大量の教師データが必要となるが、そのような大量のデータを保有しているケースは少ない。行政業務の場合、一部業務で電子化は進んでいるものの、紙媒体を用いた業務がいまだ一般的であり、記録は大量に残っているが紙媒体の資料しかないという場合もよく見受けられる。この場合、紙媒体からの教師データ作成が非常に大きな手間となる。

これらの課題の対策案として、手書き文字のデータ化を行う光学的文字認識技術（Optical Character Recognition/Reader：OCR）の精度向上と社会実装が進んでいる。例えば、株式会社NTTデータは、AIを用いたOCRソリューションを提供するAI inside株式会社と業務提携し、スキャナーによる文書の読み込み、OCRでの文字認識、RPA（Robotic Process Automation、AI技術をはじめとしたソフトウェア型ロボットによる、主にホワイトカラーの定型業務の自動化を目的とした技術）を活用した事務作業の自動化・効率化を実現するソリューションを開発している[20]。このようなAIソリューションを活用することで比較的ローコストでデータ作成は可能である。また、大量のデータを必要としないAI技術研究も報告されているが、性能や用途等で制

---

20 株式会社NTTデータ プレスリリース「AI inside社と業務提携し、RPAとOCRによる一元的な事務効率化を実現」（2018年9月27日）http://www.nttdata.com/jp/ja/news/release/2018/092701.html

約があり、業務への適用可能性は未知数である。

　しかし、根本的な解決策としては、AIに適用するためのデータを蓄積・管理するための仕組みの整備が挙げられる。一般的にAIは取得したデータを活用して再学習させることで性能が向上する。この特性を最大限に活用するためには、業務の中で生み出される記録を順次データ化・蓄積し、AIの再学習に活用するサイクルを駆動させることが必要であり、そのための仕組み作りが根本的な解決に向けた第一歩となる。仕組み作りに向けては、業務のシステム化、記録の電子化、データベースの整備等のITインフラの整備だけでなく、データ蓄積を目的とした業務改革を行う必要もある。イベント的にAIを導入するのではなく、継続的かつ堅実にAIを業務に活用するためには、そのための基礎作りが何よりも重要である。

② **処理がブラックボックス化しており、説明が困難**

　機械学習的アプローチに基づくAI技術は、処理の過程や判断基準等が非常に複雑に構成されており、所謂"ブラックボックス化"してしまう。妥当性の高い結果が得られたとしても、なぜそのような結果が得られたのかが説明できない。行政業務のように社会的な影響が大きい業務の場合、厳密な説明が求められることがほとんどであり、ブラックボックス化していることで導入が断念されるケースも多い。

　この課題は人工知能研究においても大きな課題であると認識されており、近年研究が進められている。研究アプローチとしては、（A）ディープラーニング等の高精度モデルの説明能力を向上させる、（B）説明能力は高いが、精度が劣るモデルの精度を向上させる、以上二つのアプローチが検討されている[21,22]。現状、精度とモデルの説明能力はトレードオフであるが、研究が進展することで、精度及び説明能力がともに優れるモデルが開発される可能性はある。中長期的にはこのような研究動向を注視しつつ、短期的には、説明能力が比較的要求されない業務をAI導入対象業務とするか、説明能力の高いモデルを活用する等の対策が考えられる。

21　Park, D. H. et al., "Attentive Explanations : Justifying Decisions and Pointing to the Evidence. arXiv.org e-Print archive", arXiv.org e-Print archive（2017）
22　落合光太郎「異種混合学習技術を活用した日配品需要予測ソリューション」NEC技報68巻1号（2015年）

＊

　本稿では、行政業務へのAI導入を題材として、AI導入が行政業務に与えるインパクトを事例に基づいて説明した上で、成果思考的な視点に基づくAI導入の考え方を示した上で、AI導入時の障壁と対応案について説明した。人口減少時代を迎え、今後、更に厳しさを増すことが予想される行政業務の課題解決にAIは必要不可欠な存在になるだろう。ただし、本質的かつ効果的な課題解決のためには「AIで何ができるか」よりも「AIで何を成すのか」という成果思考的な視点が欠かせない。本稿をきっかけとして、成果指向的視点に基づく業務へのAI導入を考えるきっかけになれば幸甚である。

第11章 「RPA（ソフトウェア型ロボット）」によるオフィス業務自動化と導入のポイント

株式会社NTTデータ
中川　拓也

1 未来の働き方が現実となる「RPA」

　そこはオフィス、事務処理用のパソコンは整然と並ぶが、人影はまばら。一見すると何も動いていないのだが、実はそのパソコンの中でソフトウェアのロボットが、人間より10倍速く、かつ正確に申請書類の入力・集計作業や経費精算作業などのルーティンワークを自動実行している。一方、事務処理用のデスクスペースとは対照的に、住民との接点として重要な受付窓口は多数の職員であふれ、住民からの相談に手厚く応対したり、新しく企画した住民サービスを提供したりし、活気と笑顔に満ちている。

　これこそ私の描く、RPA（ソフトウェア型ロボット）を活用した業務自動化オフィスの実現イメージだが、決して未来の話ではない。既に普及しているRPA技術により、情報システム操作や、申請書類のテキストデータ変換、データの入力・出力・変換操作、各種検索調査など、パソコン相手の定型作業をRPAに任せることで、超過勤務の削減や、労働者不足の補填を達成し、今のホワイトカラーは人にしかできない業務に専念できるようになると考えている。

2 RPAの定義

　RPAとは、Robotic Process Automation（ロボティクス・プロセス・オートメーション）の略でルールエンジン・機械学習・人工知能等の技術を有するソフトウェア型ロボット（仮想知的労働者、デジタルレイバー、デジタルパートナー等とも呼ばれる）が、ホワイトカラーのパソコン操作（アプリケーション操作）を代行するようにして自動化する概念である。欧米で2015年からブームになり、日本でも2016年からブームが始まった。2017年は、AI（人工知能）やIoT（インターネット・オブ・シングズ）と並ぶIT分野

の最注目ワードとなり、2019年もブームはさらに拡大しているが、もはや目新しい技術というよりも、あって当たり前、使っていて当たり前の技術になりつつある。

　RPAは、「働き方改革」や「ホワイトカラーの生産性向上」といった課題を現実的かつ短期的に解決できる具体的手段として関心を集めているが、各種解決手段の中でも特にRPAが注目される理由に、導入しやすくかつ導入効果の高いことが挙げられる。従来は人手で行っていたデスクワークをRPAにより自動化したことで、「作業時間を7割削減できた」「作業速度が5倍速になった」という事例も珍しくない。

3 RPAによる業務自動化の動き

　では、実際にRPAがどのように動くのか、事例を用いて紹介する（図表11-1）。これは電気店において、エアコン工事の受注名簿から、訪問工事の作業指示書を自動作成したケースだ。

　画面の左側がコールセンターで受け付けたエアコン工事依頼名簿で、画面の右側は工事業者に渡す作業先指示書だ。

①左側の名簿から氏名や電話番号をコピーし、右側の指示書にペースト（貼り付け）して転記
②地図ソフトを起動し、名簿の住所欄を入力して検索、地図を拡大操作して、範囲を指定し、該当箇所を画像形式に変換した上で、右側の指示書に貼り付ける
③指示書のファイル名に、名簿の受付番号欄を入力し、ファイルを保存
④この①〜③の定型作業を、名簿の件数だけ繰り返す

　作業速度は人間の約3倍、1日当たりの作業時間も人間の約3倍（人間が1日8時間働くところ、RPAツールは3倍の24時間働く）と考えると、3倍速で3倍の時間働けるRPAツールは人間の9倍の生産性がある（ホワイトカラー9人分の働きに相当する）ということができるだろう。これは余談だが、車両の動力を「50馬力」などと表現するように、RPAツールの仕事率を「9人力」などと表現する単位が生まれるかもしれない。

図表11−1　RPAを活用した作業指示書の自動作成画面

出所：株式会社NTTデータ（以下、同じ）

4 RPAを導入する目的や効果

「RPAによる業務自動化」ということで、目的や効果で真っ先に浮かぶのはコスト削減（人件費削減）だが、最近は地方を中心に、削減どころか人手が見つからないので代替労働力の確保が不可欠だとの相談を受けることが増えた。例えば税金収納のような季節性のある業務を処理するために臨時職員を入れたくても見つからないという深刻な事態に陥ることも出てくるだろう。

特に2018年に入ってからは、国の人事を管轄する組織や自治体を管轄する組織でもRPAによる自動化技術の評価が始まっており、労働力の減少が本格化する10年後を見据え、RPAによる労働力の補填に期待が高まっている。では、その他の目的や効果を以下に挙げる。

① **ミスの削減**

ロボットのミスが心配だという声を聞くこともあるが、定型の作業であれば、人はミスをしても、ロボットはミスしない。

② **リードタイムの短縮**

これは事例ではなく、例えではあるが、2週間を要していたパスポート発行作業をRPAにより高速処理することで、1週間に短縮して住民満足を高めるようなケースが増えていくだろう。

③ **機微な情報の処理**

人事情報などの人や外部業者には見せられない情報も、RPAであれば扱わせることができる。

④ **本業集中（ストレス減）**

ちょこちょこと振られてくる雑務をRPAがやってくれるようになったことで、本業に集中できるようになり、本業の作業効率まで上がったというケースが増えた。また動きが遅く待ち時間が長いシステムをイライラしながら扱わずに済むようになりストレスが減ったという声も聞く。本業集中（ストレス減）自体がRPA導入目的の決定打とはならないであろうが、重要な副次効果であることは間違いない。

5 ロボットと人間の労働者としての性質比較

　RPAで作るソフトウェア型ロボットはデジタルワーカー、デジタルレイバーとも呼ばれるように、何かと擬人化されることが多いので、ここでは人間と対比して、ロボットの特徴を挙げてみたい。

　ロボットは、人の3倍の速度で、24時間365日働き続ける超人である。だが時にはシナリオ（業務操作ルール）の修正やメンテナンスが必要になることもあるため、鬼のかく乱だと考え、一旦は手を止めて休ませてあげてもらいたい。

　ロボットは嫌な仕事や単調な仕事に文句を言うことや、人間関係で問題を起こすこともなく、これによって職場の生産性を引き下げるような心配がない。管理職やリーダーにとっては、人間よりも余程扱いやすいと感じるかもしれない。

　ロボットは教育投資が安い。人間のように、全員に対して何度も同じことを繰り返して覚えさせる必要がない。法改正などにより業務手順が変更になるとしても、全ロボットを一斉に新シナリオに更新さえすれば業務手順を変更することができる。

　ロボットは増員しやすい。人手不足の現在、繁忙期に臨時職員を入れたくても見つからないケースが増えているが、ロボットであれば複製するだけである。

　ロボットは辞めることがなく、せっかく育てた育成投資が無駄になる心配もない。競合他社にスキルやノウハウを保有する人材が流出することもない。

　ロボットはミスを繰り返さない。そもそもロボットは、同じ条件で同じインプットがあれば同じ結果を必ず返す。実は単調になるほどミスの混ざりやすくなる人間と、逆の強みを持つ。時には、導入当初の予期しなかった例外によりミスを起こすこともあるが、再教育（シナリオを修正）すれば、次からはミスを繰り返さない。人間のように、何度指導しても直らない、ということがない。

　いかがだろうか。使わざるを得ない固定費として意識もされないような、OJT教育コストや採用コスト、ミスのチェック・リカバリーコスト等も、

改めて意識し、ロボットを評価してみていただきたい。一方でロボットは人間のように、創造的な仕事をしたり、自ら業務変更・改善したり、例外に柔軟に対処したり、ということはできない。そのため、ホワイトカラーの業務のうち、ロボットにより自動化できる割合は、当面は20%程度が目標となるだろう。

6 RPAはどのように自動化を行うのか

　RPAは、シナリオと呼ばれるロボット用の業務手順フローをなぞることで、人間がパソコン業務を行うかのように、業務を自動処理することができる。シナリオには、この列をコピーして、あの入力欄にペーストする、それをデータがなくなるまで繰り返す、といった手順が、キーボード操作・マウス操作レベルで記載されている。

　あくまでもあらかじめ決められた手順をなぞるだけなので、例えばコピー元のExcel様式のレイアウトが変更されていた時に、レイアウトの構成を自動的に解釈して業務を継続したり、欄外に記載された補足コメントを見つけて処理内容を変更したり、データが1桁違う時に異常値かもしれないと気付いて処理を止めたり、といった柔軟で気の利いた振る舞いはできない。RPAは定型作業を自動化できるが、人間のように非定型の作業は自動化できない、と言われる所以である。

　RPAは、アプリケーションを構成するHTML等のプログラム構造を解析する技術（人間がプログラムを解読して対象システムを理解するようなイメージ）や、ディスプレイに表示されるアプリケーション画面を画像として解析する技術（人間が目により対象のアプリケーションの画面を理解するイメージ）を駆使し、人間のように自動化対象のアプリケーションを扱っている。

　前述のように、対象のアプリケーション側にRPAのために手を加えるようなことはしておらず、RPAが既存のアプリケーションを外側から（ある意味）勝手に解析して自動操作しているので、対象アプリケーションを改修するための費用やリスクを伴わないのもRPAの利点だと言える。

　対象アプリケーションの変更となると、特に自治体の場合は、業務部門からシステム部門に変更要望を挙げ、要望が通ると翌年度の変更予算を獲得し、

翌年度に変更を行うITベンダーの調達や改修作業が実施されると、更に翌年度から変更の恩恵を享受できる、という何段階ものプロセスを複数年がかりで経る必要があった。RPAであれば、業務部門の職員が自らシナリオの作成や変更を行ったり、ツール操作を行う派遣スタッフを短期的に入れたりするだけで済むので、何段階ものプロセスを経ることなく早く確実に改善が進められることを利点として挙げる自治体職員も多い。

7 RPAと従来型の技術・システムとの違い

　ここまでの内容から、「要はExcelマクロやソフトウェア開発におけるテストツールと同じだろう」と思われるかと思う。まさにそのとおりで、どれも自動化ツールという点で本質的な違いはない。違うのは適用対象にできるアプリケーションの幅の広さである。RPAであれば、人手でやるしかないと思われていた自社の基幹システムと外部のクラウドサービスを繋ぐパソコン操作でさえ、両アプリケーションに手を加えることなく自動化できるのだから、その適用対象はいくらでもある。特にクラウド型の外部サービスを使うことがますます増え、職場のシステム環境が多様化している現在、複数のアプリケーションを繋げることのできるRPAのニーズはますます拡大していくだろう。

　またプログラミング知識不要の容易さから、業務部門の担当者が自ら使いこなすことが可能となっている点も大きな違いである。これまでのようにIT部門や外部ベンダーに業務内容を引き継いでアプリケーションを開発してもらう負荷がないため、IT部門のリソースや予算がボトルネックになることもなければ、システム化のための引き継ぎコストもなく、業務部門主導で改善活動を進められるようになった。

　では既存の情報システムとRPAはどのような関係なのか。例えば製造業の大規模な工場を想像してもらいたい。ベルトコンベア等の生産設備が中心にあり、その周りで比較的安価で小回りの利く産業用ロボットが稼働し、産業用ロボットには真似できない繊細な作業や、設備と設備をつなぐ作業をブルーカラーワーカーが支える、という三層構造になっている。

　一方、従来のオフィスワークは、住民情報システムや国保システムなどの情報システムが中心にあり、その周りで情報システムを扱う作業をすべてホ

図表11－2　RPAによる新たな概念

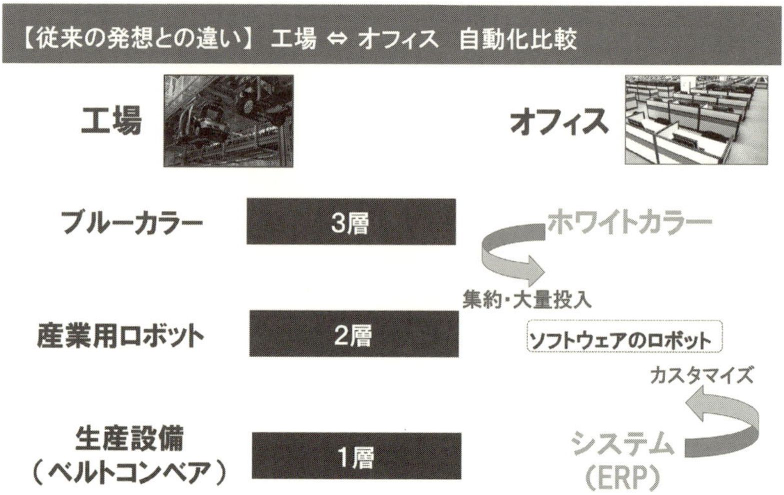

【従来の発想との違い】工場 ⇔ オフィス　自動化比較

工場		オフィス
ブルーカラー	3層	ホワイトカラー（集約・大量投入）
産業用ロボット	2層	ソフトウェアのロボット（カスタマイズ）
生産設備（ベルトコンベア）	1層	システム（ERP）

ワイトカラーワーカーが埋めるという二層構造になっていた。もちろんホワイトカラーの作業を減らすことは検討され続けてきたが、発想の中心は情報システムの機能追加であり、どうしても大掛かりになるため費用対効果の出ないケースが多く、ホワイトカラーで埋めるしかないとの結論になりがちであった。この二層構造を効率性の高い三層構造に変えることこそがRPAという概念の神髄と言えるだろう。ちなみに二層目（中間層）を形成するのがRPAツールである。

8　RPAツールとは

　RPAによる業務自動化を簡単に実現するためのツール（商品）がRPAツールと呼ばれているものであり、RPAブーム以降、多数のツールが誕生してきた。日本国内では2010年にNTTの研究所で産まれたWinActor（ウィンアクター）/WinDirector（ウィンディレクター、2017年リリース）がシェアNo.1となっている（RPA BANK調べ）。

　価格帯は数十万円から数百万円前半が中心、初期開発費等も大きく発生しないため、導入効果が出やすい点もブームを後押ししている。

　なおRPAツール選定の際は、業務部門に馴染むものか、業務担当者が自

図表11-3　RPAツールの一例

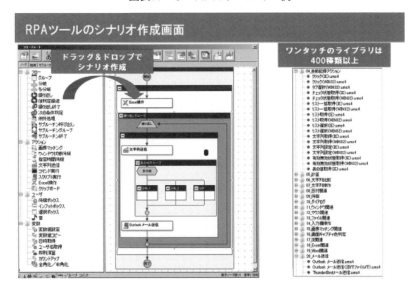

ら扱えるものか、という観点はぜひ押さえていただきたい。RPA導入は継続的な運用・改善が不可欠なものなので、業務部門に馴染まないツールだと使われなくなったり、運用委託コストが高くなったりする。また、自組織の扱うシステムを自動化できるRPAツールであるかも確認してもらいたい。RPAツールの中には、例えばExcelとWebしか扱えず、基幹システム操作を自動化できないというものもあるからである。

9 RPA利用事例（民間企業）

　業務・業種の観点では、財務、購買、人事給与などの分野での大規模な導入が先行しており、例えば経費精算業務では基幹システムに入力する経費情報の審査や、データの基幹システムへの投入、基幹システムからデータをダウンロードして変換、といった作業の自動化ケースが多かった。2018年前半からは製造業における工場の生産管理や、小売・流通業における店舗運営などの事例が出始め、2018年後半からは国や自治体、医療機関などでのオフィス自動化例が増えている。それでは、いくつか代表的な事例を紹介する。

（1）電話会社で、新規回線の加入申請入力や設定を自動化した事例
　　i　電話の加入や変更の申請を受付
　　ii　申請書の受付内容を、申請管理簿に記載して管理
　　iii　Web上の申請受付システムに、申請書の記載内容や設定を反映
　　iv　申請受付システムに表示される受付番号をコピーし、管理簿に追記
　　v　申請が完了した旨を、客の担当者にメールで通知
　このi～vはRPAが自動で行っており、この電話会社では、受付作業を削減できたのはもちろん、申請の受付から完了までの期間を短縮し、顧客満足度も向上できたとのことだ。

（2）エネルギー会社で、利用料金収納業務を自動化した事例
　　i　基幹システムから滞納している利用者の顧客番号を出力
　　　※基幹システムから出力できるのは顧客番号のみ
　　ii　顧客管理システムを立ち上げ、顧客番号で検索
　　iii　表示される顧客名や電話番号、滞納履歴、督促履歴等をコピーし、顧客番号リストに転記
　　iv　督促すべき顧客リストを督促係に送付
　このi～ivの業務についてもRPAにより自動化されている。効果として、督促準備作業の削減や転記ミスの防止による業務品質の向上はもちろん、古くて反応の遅いシステムを検索してコピー＆ペーストしなければならなかった担当者の精神的負荷も軽減できたとのことだ。

（3）システム運用業務
　システムの運用ログを管理・集計する業務でもRPAによる自動化で効果が出ている。
　　i　RPAが運用監視ソフトを起動後、操作対象サーバーを選択しログイン
　　ii　リストに基づき、取得するログの開始と終了日時を指定し、検索
　　iii　検索結果をCSV形式のファイルとして、所定のフォルダに保存
　　　※1ファイル当たりの保存数上限もあるため、ログ数に応じてi～iiiを何度も繰り返して複数ファイルを保管
　　　※i～iiiの作業を、サーバーの数だけ繰り返して実施
　このi～iiiは、RPA導入前はヒューマンエラー防止のために2名1組で実施していたが、RPA導入後は、担当者は最終確認だけで済むようになっ

ている。

結果「1時間／日 ×2名×サーバー数」の業務のほぼ完全自動化に成功している。

10 RPA利用事例（行政）

（1）新規事業所登録業務

個人住民税業務において、新規の事業所情報を基幹システムに登録する業務を自動化した事例である。

- ⅰ　地方税ポータルシステム（eLTAX）から、新規事業所情報が届く
- ⅱ　情報を、RPAが扱いやすいExcelの表形式に変換
- ⅲ　RPAが、Excelの新規事業所データを個人住民税システムに登録
- ⅳ　登録された事業所情報を検索し、確かに登録されていることを確認

このⅲ～ⅳの作業を、事業所情報の件数だけ繰り返して実施している。地方税ポータルシステムという自治体共通のASPサービスと、自団体の基幹システムを繋ぐ作業をRPAにより自動化した事例である。

（2）育児支援ヘルパー派遣業務

民間企業が受発注業務を自動化しているのと、同じような仕組みである。

- ⅰ　前段でヘルパー派遣を希望する住民は、基本情報を登録しておく
- ⅱ　住民が電子申請にてヘルパー派遣依頼を行う
- ⅲ　電子申請から、ヘルパー派遣依頼をダウンロードする
- ⅳ　ダウンロードしたヘルパー派遣依頼情報と、事前登録情報を照合する
- ⅴ　依頼情報を元に、ヘルパー事業者への派遣指示書を作成する
- ⅵ　派遣指示書をメールに添付し、ヘルパー事業者に送付する

ⅰ～ⅵをRPAにより自動化している。電子申請を受け付けてから、ヘルパー事業者への依頼までをワンストップ化するシステムを作るとなると大事だが、人手でもやれるところはRPAツールで置き換えればいいと割り切れば、この程度の仕組みで済む。また育児支援ヘルパー派遣業務のように、全国共通ではなく、自治体ごとに異なる制度の自動化にも、RPAのような小回りの利く自動化は向いていると言える。

（3）申請書類や報告書類の自動入力

AI-OCRの登場により、紙の取り扱い技術が劇的に成長している。OCR

図表11-4　AI-OCRによる文字認識精度の上昇例

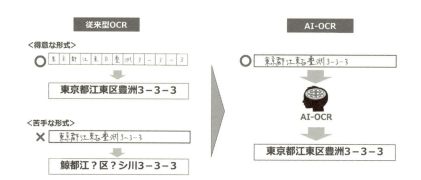

とは光学的文字認識技術（Optical Character Recognition/Reader）の略で、JPEGやPDFなどの画像ファイル中の文字を、テキストデータに自動変換する技術である。OCR自体は、40年以上も前から商用利用されてきたが、AI技術を用いた文字画像解析技術の進展により、手書きの文字も正確に変換できるようになった。

例えば住民や企業から提出される確定申告書や給与報告書、転出入届、行政サービスの利用申し込み書、総務省から求められる各種報告書等の入力業務の自動化が期待される。

以下、AI-OCRを用いた利用事例を紹介する。

　ⅰ　申請書類や報告書類を受け付けて、整理する
　ⅱ　書類をスキャナで画像に変換する
　ⅲ　画像をAI-OCRに取り込ませ、文字をテキストデータに変換する
　ⅳ　RPAツールが、テキストデータを基幹システムに投入する

ⅱ～ⅳを、スキャナやAI-OCR、RPAツールなどを組み合わせて自動化している。AI-OCRの登場により、従来は自動入力できなかったような手書きの文字まで、自動入力できるようになった。従来型のOCRの導入を検討し、断念した経験のある方には、ぜひ再評価してもらいたい技術である。

ただ本来、申請書のレイアウトを自らコントロールできる立場の公共機関は、自動入力しやすいレイアウトを作成してから申請業務を始めるべきで

あった。適切な制度設計さえ行っていれば、従来型のOCRでも十分に自動入力できたのに、申請を受け付ける業務の効率性を考慮せずに制度を設計したがために、自らが作った申請書の入力作業で自らが苦しむ、というもったいない状態になっていると言える。AI-OCRであっても、好ましいレイアウトというのは存在するので、今後の制度設計の際は、受付業務の自動化を考慮したい。

11 RPA導入の基本方針は「新人を育てるように」

「RPAはスモールスタートで継続的に推進すべし」とか、「導入してからがスタートである。新入社員を育てるように、ロボットを育てるべし」と言われる。この基本方針はRPAツールの長所と短所をよく踏まえたものとなっている。

- RPAツールはノンプログラミングで利用でき、現場の業務担当者自身で自動化設定ができる。また変更も容易なため、試行錯誤しながら進めることができる。
- RPAツールで自動化したい現場に埋もれている業務は、現場の業務担当者しか把握していない。大きな投資をして、システム部門や推進部門、外部ベンダー等が、外側から埋もれている業務を掘り起こして巻き取るよりも、内部から拡大していくほうがスムーズである。
- RPAツールの利用開始後、業務変更や自動化対象システムの変更が生じた場合、自動化シナリオの再チューニングが必要となる。再チューニングのような日々の微調整を行いやすいのも、内部の業務担当者にとってメリットである。

以上の理由から、新人が配属される現場に育成責任者や育成指導者（トレーナー）を指定するのと同様に、新人ロボット（RPAツール）が使われる現場に、現場の業務を熟知するRPA推進者やRPA作成者を設置する、という基本方針が導かれる。

12 RPA 導入・推進の体制

　各現場の推進者を効率的かつ横断的に支援するため、RPA 推進部門を設置する。RPA 推進部門は、できれば IT 部門と分けるほうが望ましい。IT 部門は IT 環境の安定運用を最優先に考える立場であるため、新しい IT ツールの活用においては、どうしてもブレーキ役にならざるを得ない。究極のブレーキ（安全）は RPA 等の IT ツールの追加利用は認めない、というものであるが、そのような結論に陥らないよう、アクセル役の推進部門とブレーキ役の IT 部門を分け、両者の協議の元に安全に利用を推進する体制を構築してもらいたい。なお、あくまでも主役は現場の業務担当者であり、推進部門や IT 部門は現場のコーチ役やサポーター役であることを意識してもらいたい。

13 RPA 導入・推進の手順

　まずは PoC（Proof of Concept）により、RPA ツールを試して理解を深めたり、期待する効果が得られるかを確認したりする。次に、実際にいくつかの部署で本格利用（部分導入）しつつ、並行して全社導入計画や利用ルールなどを整理する。準備が整ったら、全社への展開を始める。特に初期導入段階が重要であり、ここを成功させれば、あとは水が高いところから低いところへと流れるように、RPA の推進力が生まれていくので、本稿では、初期導入段階について詳しく触れる。

　初期段階の中でも最も重要な第一歩が技術研修である。IT 部門や推進部門だけではなく、RPA の主役・主体となる現場の業務部門にこそ研修を受けてもらいたい。技術研修を受けると、RPA による自動化とはこういう仕組みだったのかと腑に落ち、自分の抱えている業務の中で、自動化できそうなものや、自動化したいものが思い浮かぶようになるからである。

　第四次産業革命時代の人材開発まで念頭に置いているある企業では、社員400名全員が RPA 技術研修を受講したようなケースもある。ここまではいかなくても、少なくとも全社で10名以上、できれば各部署 3 人以上の受講をお薦めする。実際のところ、10人受講すると、2〜3人は RPA ツールが難しくて分からないと脱落し、2〜3人は RPA ツールによるモノ作りが面白

図表11-5　RPA推進部門の設置例

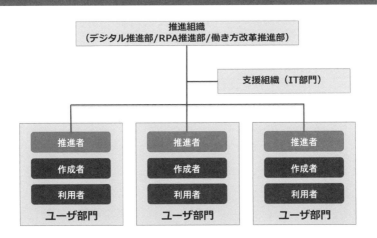

図表11-6　初期段階が大事なRPA導入手順

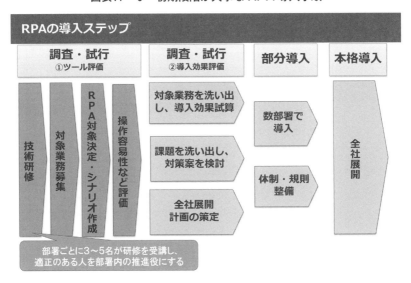

いとのめり込む。こののめり込む2～3人を見つけ出し、各部署の推進役（伝道師や先遣隊とも言われる）を担ってもらうことがポイントとなる。職員がRPAツールを使うのが面白い、自分でも早くやってみたい、という感想を持ってくれるようになれば、RPA導入の初期目標は半分達成したようなものである。

　RPAの基本が理解できたら、次は自動化対象業務の選定を行う。研修などの刺激により、自動化したい業務が浮かびやすい状態となっているので、このタイミングを逃さず、現場に埋もれている自動化できそうな業務を課題整理シートに書き出して整理する。推進部門はコーチとなり、RPAツールの技術で自動化できそうか、また自動化による費用対効果が出そうか、といった観点から側面支援してもらいたい。

　なお、この時、抜け漏れなく全業務を洗い出さなければと気負う必要はない。確かにシステム開発の場合は、後戻りして変更できない性質から、仕様凍結が最重要であった。そのため、プロジェクト開始の初期段階の調査・洗い出しが足りず、後から抜け漏れが出てきてしまうと、諦めなければならなかった。一方RPAの場合は、現場の業務担当者自身で自動化シナリオのチューニングが可能であるため、自動化を進めることで新たな課題を見つけ、それをまた自動化して、というスパイラルアップが可能なのである。

　業務の洗い出しが完了したら、自動化シナリオを作ることになる。2～3日の研修を受講しただけでは、なかなか使いこなすところまではいかないので、推進組織から模倣可能なシナリオサンプルを提供するとか、現場で作り方のレクチャーをするとかして手厚くフォローし、現場の業務担当者が成功体験を味わえるように工夫してもらいたい。

　以上のプロセスを通じて、RPAツールを使いこなせたか、自社システムを動かせたか、業務からどの程度手離れできるようになったか（自動化できたか）、今後はどこまで広げられそうか、などの観点から評価を行う。評価も会議室でギチギチやるよりは、自動化の成果発表会を設けて各推進担当者が自動化における工夫を紹介し合ったり、担当間の自動化競争意識を生み出したりといった、現場を楽しく巻き込み続ける取組みを行うほうが、その後の大きな成果に繋がってくる。

図表11-7　RPAによる業務改革

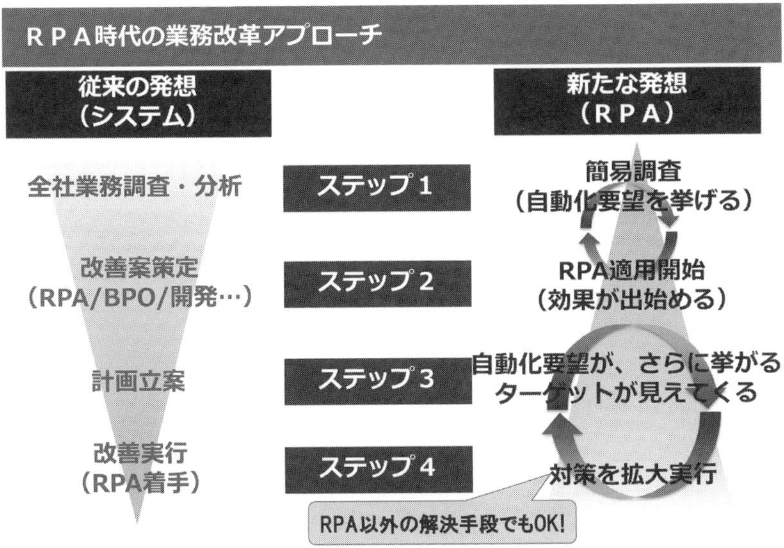

RPA時代の業務改革アプローチ

従来の発想（システム）
- 全社業務調査・分析
- 改善案策定（RPA/BPO/開発…）
- 計画立案
- 改善実行（RPA着手）

ステップ1／ステップ2／ステップ3／ステップ4

新たな発想（RPA）
- 簡易調査（自動化要望を挙げる）
- RPA適用開始（効果が出始める）
- 自動化要望が、さらに挙がる　ターゲットが見えてくる
- 対策を拡大実行

RPA以外の解決手段でもOK!

14　RPAの導入・推進における注意点

（1）RPAツールを使いこなせない

　IT部門や推進部門を中心に製品選定を行った場合に起こりがちな失敗である。ITツールの扱いに長けている人であれば、どのツールも難しく感じないため、実際にRPAを活用するITが本務ではない業務担当者には難しいツールを選定してしまい、本格導入の段階で現場が困ることになる。

（2）業務担当者がRPAツールを使ってくれない、また取組みが浸透しない

　業務担当者を巻き込むことなく、推進部門を中心に難しいツールを採用して業務担当者に渡してしまうと、業務担当者はツールも使いこなせないし、RPAの進め方も分からない状態になる。結果的に、「ツールなんかで改善すれば苦労しないよ」という抵抗感をもってしまうことになる。

（3）自動化するような業務が見つからない

　推進部門やIT部門を中心に机上で対象業務を考えていると、適切な業務は見つからない。なぜなら、自動化したいような業務は現場に埋もれているものだからである。また、現場の担当者を巻き込んでいない場合にも同じこ

図表11－8　誰でもフローが理解できる、RPAのシナリオ

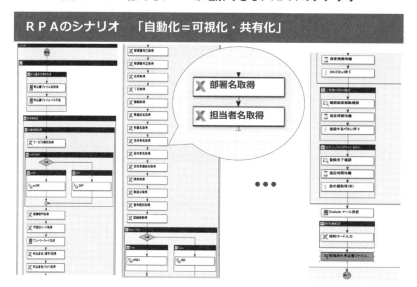

とが起こる。業務を把握している現場の担当者に、どのような業務が自動化できるかというアンテナが立っていなかったり、担当者が抵抗感を持ってしまっていたりするからである。

（4）導入後に野良化し、メンテナンスできなくなる

RPAツールの選定の際に、ツールの使いやすさだけ評価し、シナリオの可視性を評価していないことがある。シナリオを作って自動化するということは、俗人化していた業務を引っ張り出して見える化し、組織としてロボットに処理させるということである。そのため、作った本人にしか分からないような自動化シナリオは野良化の元である。ツール選定の際、そのRPAツールに対する知識のない人でも、シナリオさえ見れば業務が想像できるか、というチェックをしてもらいたい。この可視性こそ、自動化の継続性や保守性に最も影響するものでもある。

（5）費用対効果が出ない

繰り返し回数（業務回転数）の少ない作業を選定してしまっているケースが多い。

RPAツールによる自動化では、RPAが業務をなぞって行うためのシナリオを構築し、そのシナリオを繰り返すことにより効果を出す。

例えば、1回当たり10分を要する業務を自動化するためのシナリオを60分かけて作るとすると、6回処理すれば投資と利益が相殺され、7回目から利益が出始めることになる。この業務の実施頻度が四半期に1回であれば、1年でも4回しかないため、効果が出るまでに1年9か月（7回）を要するし、毎日1回行う業務であれば7日目から効果が出ることになる。さらに6名が毎日1回行う業務であれば2日目から効果が出ることになる。なお実際には、シナリオ作成時間に加え、RPAツールの利用料も投資として考慮する必要があるため、効果の算定はさらにシビアなものとなる。

　参考まで、特に大きな効果が出たケースとしては、毎日50,000件ある帳票の処理をOCRも活用して自動化し、約25人を要していたところを5人で処理できるようになった、というものがある。一つのシナリオを、1日当たり50,000回も繰り返し活用できるのだから、効果は絶大だ。このように費用対効果は繰り返し処理回数（回転数）で決まるので、留意する必要がある。

15 価値観の転換を生むRPAと失敗しないためのポイント

　これまでも仕事の遅い社員の作業について、「そんなやり方をしているのか」とか、「そんなことを手作業でやっているのか」という指摘がされてきた。それがRPAを導入した企業では「そんなことはRPA（ロボット）でやれないのか」という議論に変わる。一人ひとりが「RPAでやれないのか」という感覚を持ち、業務を改善していくことが重要である。

　特に税収で活動する公共機関の場合は、税収の効率的な活用に対する住民の目もあるため、内部での「そんなことをRPAでやれないのか」という議論だけでなく、外部から「そんなことをRPAではなく職員にやらせているのか」「京都府やつくば市、港区のようなRPAを活用している自治体に比べ税収を無駄遣いしているのではないか」といったクレームを受けるような時代にそう遠くない将来なることも、想像に難くない。

　あらゆる業務に適用でき、また個人単位でスモールスタートできるRPAの利点を活かし、ぜひ自身の業務から自動化し、RPAによる改革の波を起こしていただきたい。

最後にRPAの導入に失敗しないためのポイントを三つにまとめる。
① 研修やトライアルプラン等のサービスメニューを活用し、RPAの勘所を摑んだら、身近な定型のパソコン作業をいくつか挙げてみる。
② RPAの適用が難しい紙処理等の業務に拘らず、自動化しやすい個所からコツコツシナリオ作成を進める。
③ RPAの管理・統制も重要ではあるが、それ自体が目的にならないように注意する。管理・統制方法も含め、試行錯誤を重ねて育てるのがRPAである。

ポイント等と言っても、この程度のものなので、RPAによる自動化の実現に向け、まずは技術研修の受講という第一歩を踏み出してもらいたい。

参考文献
https://winactor.com

第12章 働き方改革とテレワーク

常葉大学准教授
小豆川　裕子

■ はじめに

　2019年4月1日より「働き方改革関連法」（正式名称：働き方改革を推進するための関係法律の整備に関する法律案）が順次施行されている[1]。

　「少子高齢化に伴う生産年齢人口の減少」、「働く人々のニーズの多様化」など日本が直面する課題解決に向けて、投資やイノベーションによる生産性の向上とともに就業機会の拡大や意欲・能力を存分に発揮できる職場環境整備の促進など、働き方改革への期待は大きい。他方働く者にとっては、個々の事情に応じた多様で柔軟な働き方を自律的に選択できるようになるため、個人の自己決定力・自己効力感を高め、様々なライフイベントに柔軟に対応できるというメリットがある。

　そして、働き方改革推進の切り札の一つであるテレワークは、勤務先の場所を離れ、「情報通信技術（ICT = Information and Communication Technology）を活用して、時間や場所を有効に活用ができる柔軟な働き方」である。現在、テレワークは、働き方改革の動きを牽引する施策として位置付けられ、第二次安倍政権以降、様々な閣議決定に盛り込まれ、民間企業・中央官庁・自治体など官民合わせた取組みが活発である。

　また、テレワークは中小企業・小規模事業者を含む「魅力的な職場作り」の一つとしても注目されており、ワーク・ライフ・バランスの実現、長時間労働削減等の実効策として、また、テレワークの仕組み、ソリューションの提供ビジネスも活況を呈している。さらに自治体を中心に、地方創生の実現に向けた様々な取組みも見られるようになった。

1　働き方改革関連法：労働政策の総合的な推進並びに労働者の雇用の安定及び職業生活の充実等に関する法律（旧雇用対策法）、労働基準法、労働時間等の設定の改善に関する特別措置法、労働安全衛生法、じん肺法、短時間労働者の雇用管理の改善等に関する法律、労働契約法、労働者派遣事業の適正な運営の確保及び派遣労働者の保護等に関する法律の改正を行う法律の通称である。

本章では、働き方改革とテレワークの意義を確認した上で、特に政府の政策動向や公務員の取組み状況、さらに、2020年オリンピック・パラリンピックに向けたテレワーク・デイズをはじめとした産官学の取組みと国民運動について紹介する。

1 働き方改革とテレワーク

（1）なぜ、テレワークが注目されているのか

　テレワークは、自宅を就業場所とする勤務形態である「在宅勤務」、施設利用型の「サテライトオフィス勤務」、そして、顧客先、喫茶店、カフェ、ホテル、新幹線、空港ロビーなどの様々な場所で移動しながら執務する「モバイルワーク」など多様な働き方の総称である。

　「サテライトオフィス」には、自社・自社グループ専用として利用されるオフィススペースの「専用型」と、複数の企業がシェアして利用するオフィススペースの「共用型」がある。

　テレワークは様々な効果をもたらすと言われる。「自宅で勤務することで、通勤負担が削減され、ワーク・ライフ・バランスが向上する（在宅勤務）」「隙間時間や移動時間を活用して仕事ができるので生産性を上げることができる（モバイルワーク）」、サテライトオフィス勤務では、職住近接の場所にあれば通勤負担が軽減され、顧客や移動中立ち寄ることで集中的に仕事をこなすことができる。このように、時間活用の選択肢が増え、働き方の柔軟性が向上するため「育児や介護による離職を防ぎ、優秀な人材を確保することができる」、平常時から様々な場所で仕事ができるようになるので「災害時のBCP（事業継続計画）対応として有効である」、業務がテレワークという働き方にマッチすれば「遠隔地にあっても優秀な人材を雇用することができる」などが期待される。

（2）働き方改革の取組み状況

　それでは、企業の働き方改革の取組み状況はどうであろうか。NTTデータ経営研究所／NTTコムリサーチ共同調査（「働き方改革2018」）によると、働き方改革に取り組む企業の割合は、2015年度は22.2％であったが、年々上昇し、2018年度は約4割（38.9％）となっている。

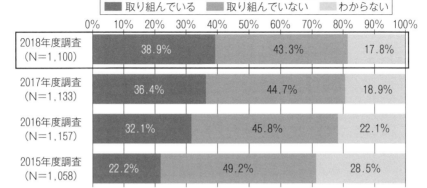

図表12-1　働き方改革に取り組んでいる企業の割合

注：〈調査期間〉
※2018年：2018年6月20日～2018年6月25日実施
　2017年：2017年6月23日～2017年6月28日実施
　2016年：2016年3月26日～2016年3月28日実施
　2015年：2015年3月13日～2015年3月17日実施
〈働き方改革の定義〉
　働き方改革は多様な使われ方をしているので、本調査では、「働き方改革」について、働き方を変えて、①コミュニケーションスタイル等の組織風土を変える、②作業手順を変える③ワーク・ライフ・バランスを推進し、④ハラスメントの予防も実現すること、と定義し、毎年回答していただいている。
出所：NTTデータ経営研究所／NTTコムリサーチ共同調査「働き方改革2018」（2018年7月12日）

（3）テレワークの政策目標と普及状況

　テレワークは2013年より様々な閣議決定に盛り込まれ、具体的な国全体の普及の状況を示すKPIや施策が打ち出されている。その内容は、雇用形態の多様化とワーク・ライフ・バランスの実現、雇用創出、産業活性化の促進、さらにはまち・ひと・仕事創生に向けた新たな普及推進策などである（図表12-2）。

　2018年6月15日に閣議決定された「世界最先端デジタル国家創造宣言・官民データ活用推進基本計画」では、「テレワークは、働き方改革を推進するに当たっての強力なツールの一つであり、より具体的かつ効果的な形で普及が進むようにすること」を課題としている。

　その普及に当たっては関係府省庁が連携し、ガイドラインや表彰等の普及啓発の推進、サテライトオフィスや必要なネットワーク環境の整備等を通じて、2020年におけるKPIの目標値達成を図ること、また、テレワークの普

図表12-2　テレワークが盛り込まれている様々な閣議決定

世界最先端デジタル国家創造宣言・官民データ活用推進基本計画 　　　　　　　　　　　　　　　　　　　（2018年6月15日閣議決定） 未来投資戦略 2018―「Society 5.0」「データ駆動型社会」への変革― 　　　　　　　　　　　　　　　　　　　（2018年6月15日閣議決定） 産業競争力の強化に関する実行計画（2018年2月6日 閣議決定） ニッポン一億総活躍プラン　　　　　（2016年6月2日 閣議決定） まち・ひと・しごと創生総合戦略（2015改訂版）(2015年12月24日 閣議決定） 女性の職業生活における活躍の推進に関する基本方針 （2015年9月25日閣議決定）

及に当たっては適正な制度や環境整備が必要であるため、2018年2月に厚生労働省が策定した「情報通信技術を利用した事業場外勤務の適切な導入及び実施のためのガイドライン」及び2018年4月に総務省が公表した「テレワークセキュリティガイドライン（第4版）」について周知・普及を図っていくことを記述している。

国家公務員を対象とした目標も設定されている。
2020年度までに、
・必要な者が必要な時にテレワーク勤務を本格的に活用できる。
・リモートアクセス機能の全府省での導入を実現するため、計画的な環境整備を行う。これと併せて、各府省は、テレワークを行っている職員であってもその他の職員と遜色なく業務を遂行できるよう、府省内で行われる会議への遠隔参加（Web会議）が可能となる環境を順次整備する。
・2018年度を目途に、審議会や幹部会議等における資料の原則ペーパーレス化を進める。テレワーク・デイズ、テレワーク月間といった国民運動において、率先した取組みを行う。
などである。

これらは、働き方改革の一助となり、労働者、事業者、その顧客の三方にとって効率的な結果が得られ、ワーク・ライフ・バランス、生産性、満足度等の向上を実現することが述べられている。

設定されたKPIは以下のとおりである。

KPI（進捗）：2020年には、テレワーク導入企業を2012年度（11.5％）比で3倍（34.5％）、テレワーク制度等に基づく雇用型テレワーカーの割合

を2016年度（7.7％）比で倍増（15.4％）
KPI（効果）：働く者にとって効果的なテレワークを推進

　2017年、企業の導入率は13.9％、導入予定と合わせると18.2％である（総務省「2017年度通信利用動向調査」）。テレワーク制度等に基づく雇用型テレワーカーの割合は9.0％であり、いまだ目標値から隔たりがあるのが現状である（国土交通省「2017年度テレワーク人口実態調査」）。

　国家公務員の取組み状況について、2018年4月に発表された内閣官房「ICT機器の整備・活用等をめぐる状況－各府省別」をみると、テレワークは全23府省のうち、「全機関で実施済み組織」は7、「Web会議の導入の実施済み組織」は11、「リモートアクセス環境の整備における「携帯端末」」は16、「PC」は13、「ペーパーレス化の推進におけるタブレット端末、無線LAN等の環境整備」は17、「審議会のペーパーレス化」は10、「幹部会議等のペーパーレス化」は16となっており、順次KPIの実現に向けた取組みを進めている。

　岩本（2018）によると、霞ヶ関の残業時間は民間の約7倍で、職員の判断力や創造性の低下、人材の流出などの懸念が指摘され、実効的な「チーム型」テレワーク体制確立に向けた具体的な技術・システムを提言している。そしてこれらの取組みにより年間1400億円以上のコスト削減効果を試算している（岩本隆「霞が関の働き方改革に向けて～ICTを利用した長時間労働是正と生産性向上～」）。

　様々な取組みの結果、2016年度、テレワークの取組み実績が顕著な例は、総務省4,882人日（2015年度比148％）、厚生労働省5,854人日（同1,197％）、経済産業省3,363人日（同351％）の3省である（内閣官房　内閣人事局、IT総合戦略室、総務省　行政評価局「国家公務員の働き方改革を推進するためのテレワーク・リモートアクセス環境整備の実態調査」2017年10月27日）。

2 府省連携で進むテレワーク施策

　各府省のテレワーク施策の役割分担は、概ね以下のとおりである。
　①内閣官房IT室
　　政府のIT総合戦略「世界最先端IT国家創造宣言」に政府目標を設定

図表12-3　ICT機器の整備・活用等をめぐる活用状況（各府省等別）

	地方支分部局及び施設等機関におけるテレワーク制度の導入 ◎：全機関で実施済み △：一部機関で実施済み（全機関での実施予定時期）	web会議の導入 ◎：実施済み ○：実施予定 (実施予定時期)	リモートアクセス環境の整備		ペーパーレス化の推進（注）		
			〔携帯端末〕 ◎：実施済み ○：実施予定 (実施予定時期)	〔PC〕 ◎：実施済み ○：実施予定 (実施予定時期)	〔環境整備〕 ◎：実施済み ○：実施予定 (実施予定時期)	〔審議会〕 ◎：実施済み ○：実施予定 (実施予定時期)	〔幹部会議等〕 ◎：実施済み ○：実施予定 (実施予定時期)
内閣官房		◎	◎	○（平成31年1月）	◎		◎
内閣府	◎	◎	◎	○（平成31年1月）	◎	◎	◎
復興庁	◎	◎	◎	○（平成31年1月）			
内閣法制局							
人事院				○（平成30年10月）			◎
宮内庁	◎						
公正取引委員会	◎	◎		◎	◎		◎
警察庁			◎		◎	○（平成30年度）	
金融庁			◎	◎	○（平成30年度）	○（平成30年度）	○（平成30年度）
消費者庁			◎		◎	○（平成30年度）	◎
総務省	◎	◎	◎	◎	◎	◎	◎
法務省	△			◎		◎	
外務省	△		◎	◎	◎	○（平成30年度）	○（平成30年度）
財務省	△	◎	◎	◎	◎	◎	◎
文部科学省	◎	◎	◎	◎	◎	◎	◎
厚生労働省	△	◎	◎	◎	◎	◎	◎
農林水産省	△→◎（平成31年度）	○（平成30年度）	◎	○（平成30年度）	◎	◎	◎
経済産業省	△→◎（平成31年度）	◎	◎	◎	◎	◎	◎
国土交通省	△		○（平成30年度）	○（平成30年度）	◎	○（平成30年度）	◎
環境省		○（平成30年度）	◎	◎	◎	◎	◎
原子力規制庁	◎		◎	◎	◎	◎	◎
防衛省	△→◎（平成31年度）		○（平成30年度）	○（平成33年度）	◎		
会計検査院			◎	◎	◎		◎

出所：内閣官房「ICT機器の整備・活用等をめぐる状況－各府省別」（2018年4月）
https://www.cas.go.jp/jp/gaiyou/jimu/jinjikyoku/ict_telework.html

図表12-4　府省連携で進むテレワークの普及促進

目標設定・現状把握
- ◆テレワークの普及状況やテレワーカーの意識・実態調査を実施【総務省・国交省】
- ◆テレワーク推進に関する政府目標を設定【内閣官房IT室】

環境整備
- ◆インフラ整備やテレワーク関係ガイドラインの改定・周知等【総務省・厚労省】

普及展開

意識改革	ノウハウ支援	導入補助	周知・啓発
● 女性活躍、ワーク・ライフ・バランス推進 ● 国家公務員のテレワーク実施を推進 【内閣官房・内閣府】	● テレワーク導入の専門家を企業へ派遣 ● 相談センターによる助言等を実施 【総務省・厚労省】	● 民間企業等に対して導入機器等の費用を助成【厚労省】 ● ふるさとテレワークのICT環境整備や建物改修等の補助【総務省・国交省】	● 表彰、セミナー、事例周知【総務省・厚労省・経産省】 ● 「日本サービス大賞」や「おもてなし規格認証」を通じて、テレワークによる働き方を面的に普及【経産省】 ● テレワーク・デイ、テレワーク月間を通じた普及促進【関係府省】

出所：テレワーク・デイズ報告会資料 総務省・経済産業省「テレワーク・デイズ2018実施結果報告」資料（2018年10月12日）

②総務省
　情報通信政策：テレワーク推進に資する高度情報通信基盤の整備及び利活用促進
③厚生労働省
　労働政策：適正な労働条件下におけるテレワーク普及促進
④国土交通省：国土交通省：都市部への人口・機能の集中による弊害の解消と地域活性化等
⑤経済産業省：テレワークに係る産業振興
⑥内閣府：男女共同参画等、総合的な企画・調整女性活躍、ワーク・ライフ・バランス、国家公務員のテレワークの推進状況を把握

　各府省は、施策を通じて普及を加速化させるとともに、公務員として自らの率先垂範を示すことが求められている。
　図表12-4はテレワークの政策体系である。大きく、テレワークの普及状況の①目標設定・現状把握、テレワークの普及推進に当たっての制度・ルール、ICT等の②環境整備、意識改革、ノウハウ支援、導入補助、周知・啓発に関する③普及展開の三つに分けられ、役割分担を踏まえた施策と連携によって、普及促進が実施されている。

図表12-5　持続可能な個人・企業・社会を実現するシステム

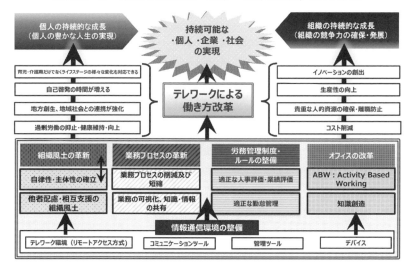

注：ABW：Activity Based Working　自由に場所を選択し働くことによってより成果を出す仕組み
出所：NTTデータ経営研究所等をもとに小豆川が加筆修正

3 持続可能な個人・企業・社会を実現するシステム

　テレワークをはじめとする「働き方改革」の普及・拡大に当たっては、組織の仕組み、システムを整備していくことが求められる。筆者は大きく①組織風土の革新、②業務プロセスの革新、③労務管理制度・ルールの整備、④オフィスの改革、そしてそれらを支える⑤情報通信環境の整備」の五つの要素が重要であると考える。

　五つの要素の実践を通じて個人の持続的な成長（個人の豊かな人生の実現）と組織の持続的な成長（企業の競争力の確保・発展）が相乗効果をもたらすことで、「持続可能な個人・企業・社会」の実現が可能となる（図表12-5）。

　五つの要素は以下のとおりである。

① **組織風土の革新**

　「ダイバーシティ経営」「働き方改革」の実現カギは、トップのビジョン作りと管理職層の意識改革にある。管理職層の意識が変わり行動に移すことで、

一般社員の自律性・主体性が根付き、併せて性別や国籍、バックグラウンドが異なる多様な人材によるチーム作りが可能となる。一方、就労継続に影響を与える様々なライフイベントに遭遇する職場のメンバーに対しては、個別の状況を理解し、他者配慮・相互支援の組織風土を醸成することが重要である。

② **業務プロセスの革新**

日々、多層化・多重化するプロジェクトにおいて、オフィスにいる社員とオフィスから離れたところにいる社員が、顔を合わせなくともチームワークを成功させるためには、無駄な業務プロセスの削減や短縮、業務の可視化、知識・情報の共有、間接業務から現場に至る業務改革が重要である。全体効率化を図るとともに意思決定の迅速化が求められる。

③ **労務管理制度・ルールの整備**

オフィスから離れた社員がオフィスで勤務する社員と比べて不公平にならないよう、目の前にいない部下の勤怠を適正に管理するとともに、働きすぎを防止することも重要である。適正な人事評価・業績評価の制度・ルールの整備を行うことで、管理職層も部下も目標を共有し、安心して仕事を行うことができる。

④ **オフィスの改革**

①②③に加えて、オフィスにも集まって新しいアイデアを創出したり、仲間とのコラボレーションによって付加価値の高い仕事を生み出したりするような知識創造を醸成する仕組みが必要である。先進的な組織では仕事の種類や個人の気分で自由に場所を選択するABW[2]の考え方を実装するところも出始めている。

⑤ **「情報通信環境の整備」**

そして、①②③④を強力に支援するのが情報通信環境である。

テレワーク環境（リモートアクセス方式）には、リモートデスクトップ方式、仮想デスクトップ方式、クラウド型アプリ方式、会社PCの持ち帰り方式などがある。セキュリティも重要で、場所を問わず、ICTプラットフォームを統合することで、セキュリティ管理を一元化できるインフラ整備を行っている企業も見られる。また、コミュニケーションツールとしては、Eメー

2　ABW：Activity Based Working　自由に場所を選択し働くことによってより成果を出す仕組みである。

ル、電話関連システム、チャット（インスタントメッセンジャー）があり、情報共有ツールとしては、TV会議システム、Web会議ツールやグループウエア、SNS等がある。昨今は、便利なデバイスやICTツールが充実してきたので、まずは、職員すべてが必要な時に、簡単に活用できるように、一人ひとりの操作能力、リテラシーに合わせて高めていくことが重要である。テレワークのマネジメント・管理ツールとしては、勤怠管理ツール、在席管理（プレゼンス管理）ツール、業務管理（プロジェクト管理）ツールがある。

働き過ぎにならないよう労働時間を適正に管理し、業務の可視化、情報共有を進めることで相互の信頼関係が形成され、チームワーク力もアップしていくものと考えられる。

4 テレワーク普及に向けた国民運動：テレワークデイズ（7月）、テレワーク月間（11月）

2015年より、産官学で構成するテレワーク推進フォーラムの主唱によって、11月をテレワーク普及拡大の国民運動としてテレワーク月間を制定している。テレワーク月間では「働く、が変わる」を掲げてロゴマークを作成。11月を国民一人ひとりが未来につながる働き方の一つであるテレワークについて考え、参加するイベント強化月間として位置付けている。テレワーク月間に賛同する企業・団体の取組みには①試みる、実践する、②学ぶ、議論する、③応援する、協力する、の三つのカテゴリに対して活動登録を呼びかけ、活動の主体や活動の内容の見える化を行っている。

2017年度は、更にこれを加速化させる動きとして「働く、を変える日」としてオリンピック・パラリンピック東京大会の開会式に相当する7月24日を「テレワーク・デイ」とし、2020年まで毎年、企業や自治体の参加による全国一斉テレワークを実施することになった。2012年ロンドン大会では、ロンドン市内の8割の企業がテレワークを導入し、大会期間中はテレワークを実践することにより、BCP（事業継続計画）、生産性向上、満足度向上、ワーク・ライフ・バランス等の成果に繋がったという。

更に、2018年は7月24日を含む7月23日（月）から7月27日（金）をテレワーク・デイズに設定し、政府が企業・団体・官公庁に一斉実施を呼びかけた。この結果、2018年度は5日間で1,682団体、延べ30万人以上（302,471

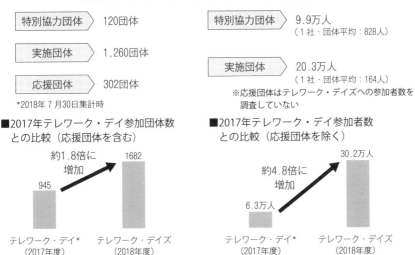

図表12-6　テレワーク・デイズ2018実施結果概況

出所：総務省・経済産業省「テレワーク・デイズ2018実施結果報告」資料（2018年10月12日）

人）が参加した。期間中は首都圏を中心に、全国の企業・団体で実施したため、参加団体数は2017度比約1.8倍、参加者数は約4.8倍に上った（図表12-6）。

　交通混雑の緩和については、丸の内、豊洲、品川等で通勤者の減少が目立った。

　そしてオフィス事務、残業時間など、ペーパーの使用量、会議室・会議スペース、旅費・交通費・残業時間のすべての指標で大幅な削減効果があったという。併せて、猛暑の影響があったものの回答があった17団体のうち、12団体で消費電力量が実施前より減少した。

　通勤時間・移動時間の削減による肉体的・精神的な負担軽減、チーム力の向上、育児・介護との両立、BCP対策の有用性などの効果の実感が上がっている。

　更に「テレワークデイズ2019」は、2020年東京大会前の本番テストとして2019年7月22日（月）から9月6日（金）を実施期間とする方針が公表された。

　毎年、国民運動として展開することにより、2020年のレガシーとしてこうした働き方を定着させることを目指している。

2019年は全国で3,000団体、延べ60万人の参加を目標とする、大規模実施を呼びかけるとともに、首都圏以外、中小規模の団体、官公庁なども含め様々な業種、規模、地域の団体の参加を促すこととしている。

5 公務員の働き方改革を実効性のあるものに

　日本におけるテレワークは、IT企業をはじめとして、メーカーや金融、サービス業まで民間企業が先行して導入が進んだ。現在は、中央官庁と一部の地方自治体が自ら率先垂範する意義を確認し、官民合わせた取組みの展開となっている。

　公務員がテレワークを実施する大義名分は何か。時間と場所を有効に活用することで、民間企業の従業員と同様、様々なライフイベントに遭遇しても就業継続ができ、ワーク・ライフ・バランスを実現できることにより、優秀な人材の離職を防止し、人材確保・維持ができる。また災害時やパンデミック等の有事においてもBCP（事業継続計画）が可能となることで「公共サービスの質の向上」に繋がる。更には業務改革（BPR）の一環としてペーパーレス化を進めるので、無駄な業務の削減やすきま業務の有効活用ができる。業務の可視化や共有が進み、それらを実現するための、プレゼンス管理等インフラ整備やルール・制度の改革を伴うので、「行政改革の一層の推進」に寄与することとなる。いまだ道半ばであるがこれらの施策の含意をトップから現場職員まで共通の価値観とすべく、各省庁では、図表12－7に見られるような実効性のある取組みが始まっている（図表12－7）。

　一方、自治体はどうであろうか。総務省「地域におけるICT利活用の現状に関する調査研究」（2017年3月）によると、自治体におけるテレワークの実態を見ると「すでに取り組んでいる」のはわずか7％に留まる。その内容を見ると「他地域の企業を対象にサテライトオフィスの設置を誘致」（42.9％）、「テレワークの普及・啓発活動（セミナー開催・パンフレット配布など）」（35.1％）、次いで「職員を対象にテレワーク（在宅勤務制度・所属部署のある庁舎以外で勤務できる制度など）を導入」（31.2％）が上位に上がっている。また、2018年度のテレワーク・デイズでは、首都圏以外の自治体の参加も見られ、サテライトオフィスの試行、テレビ会議で定例会議を実施、コワーキングスペースを開設して企業と連携、など様々な取組みが見

図表12−7　各省庁におけるテレワークに係る評価（テレワーク推進に効果のあった取組み）

制度見直し、施設等整備
- テレワーク利用端末の増、申請手続きの簡素化
- テレワーク実施者に対する利用状況調査を行い、同調査において要望の多かった申請手続きの明確化や利用可能者の要件緩和（勤務経験期間を1年から6か月に短縮）などを内容とするテレワークの実施規程の改正を行ったことにより、利用機会の拡大を実現した。
- 人事担当（企画等）とシステム室（機器の貸し出し）との連携。
- コミュニケーションツールの導入等のシステム更新

普及啓発
- 「女性職員活躍と職員のワークライフバランス推進のための取組計画」において、テレワークを推進し、それを全職員に周知している。また、総務課長等から職員に対し、テレワークの実施を促している
- ワークライフバランス推進強化月間中に事務総長から全職員にメールにて、テレワークを積極的に活用する旨のメッセージを送付した。
- テレワーク月間に際し、事務次官から職員に対し、テレワークの普及啓発の内容とするメッセージを発信した。
- テレワーク・デイやテレワーク月間等、人事課から文書を発出する等してテレワーク実施を促した。また、庁内会議等で人事課よりテレワーク実施を促す指示を行った。
- 育児・介護を行う職員に対し、WLB推進強化月間中、テレワーク利用のメリットを示して、テレワークの活用を促したところ、当該職員によるテレワーク実施回数が同月間中のテレワーク実施回数の半数以上を占めた。
- 平成28年度から取り組んでいる「テレワークお試し月間」や年間を通じて、制度や活用事例の周知を行い、テレワーク体験を希望する職員に対して、広く実施を促した。
- テレワーク・デイにおいて、各課1人を目安にテレワークを実施する取組。
- 職員掲示板による周知。
- 年度初めゆう活実施時等にテレワークの周知を行った。
- 人事担当（企画等）とシステム室（機器の貸し出し）との連携。
- 大臣、次官からのメッセージ発信。
- テレワークデイに幹部職員が積極的にテレワークを実施。
- テレワークデイに合わせて、テレワークウイークを設定し、テレワークを奨励。
- サテライトオフィスを活用した自宅外でのテレワーク推奨。
- 復職予定者向けの育児懇談会においてテレワーク制度を紹介、実施規程の見直しを行った。以上の職員全員がテレワーク体験を実施した。
- 年2回のテレワーク推進月間の設定と、同月間における職員に対する政務や幹部職員によるテレワーク実施の呼びかけ、事務手続きの簡素化。
- 7・8月は部長局庁の課室長以上の管理職（各部局庁1名程度）及び管理職以外の職員（各部局庁3名程度）約40名が体験テレワークを実施。また11月以降、毎月体験テレワーク期間を設定し、体験テレワークを実施。これらの取り組みによりテレワークに対する職員の理解度が深まった。
- テレワーク・デイのほか、9月〜11月に部局単位に一定数のテレワーク用PCを割り当ててテレワーク体験を実施。あわせて職員周知用のチラシを作成・配布。
- 周知・啓発活動、実施要領の改正、説明会を実施した。

出所：内閣官房IT総合戦略室及び内閣人事局「平成29年度国家公務員テレワーク実績等の結果概要」（2018年6月14日）をもとに作成
https://cio.go.jp/sites/default/files/uploads/documents/telework_jisseki_2017.pdf

られるようになった。こうした国民運動を契機に、現実的な課題の確認、経験を踏まえた課題の抽出や改善が行われ、イベントとしてではなく日常的な働き方の選択肢として、一層普及拡大していくことが期待される。

参考・引用文献

- 小豆川裕子「中小企業の経営課題解決におけるテレワークの意義」常葉大学経営学部紀要第5巻第1・2号（2018年2月）
- NTTデータ経営研究所／NTTコムリサーチ共同調査「働き方改革2018」（2018年7月12日）
- 高度情報通信ネットワーク社会推進戦略本部 官民データ活用推進戦略会議「世界最先端デジタル国家創造宣言・官民データ活用推進基本計画」（2018年6月15日）
- 日本経済再生本部「未来投資戦略2018―「Society 5.0」「データ駆動型社会」への変革―」（2018年6月15日）
- 日本経済再生本部「産業競争力の強化に関する実行計画」（2018年版）（2018年2月6日閣議決定）
- 一億総活躍国民会議「ニッポン一億総活躍プラン」（2016年6月2日）
- まち・ひと・しごと創生本部「まち・ひと・しごと創生総合戦略」（2015改訂版）（2015年12月24日閣議決定）
- 「女性の職業生活における活躍の推進に関する基本方針」（2015年9月25日閣議決定）
- 岩本隆「霞が関の働き方改革に向けて～ICTを利用した長時間労働是正と生産性向上～」（2018年6月6日）
- 内閣官房「ICT機器の整備・活用等をめぐる状況-各府省別」（2018年4月）
- 総務省・経済産業省「テレワーク・デイズ2018実施結果報告」資料（2018年10月12日）
- 総務省「テレワーク・デイズ2019」実施方針の公表（2019年1月31日）
- 内閣官房IT総合戦略室及び内閣人事局「平成29年度国家公務員テレワーク実績等の結果概要」（2018年6月14日）
- 総務省「地域におけるICT利活用の現状に関する調査研究」報告書（2017年3月）

column
民生用のシステム（ソリューション）の活用のすすめ

　行政機関においても、クラウドシステムの活用が進行しつつあり、特に自治体においてはその動きが顕著である。この背景には、自治体において職員定数を圧縮していく中で、規模の大きな府県、市レベルでも、電気・機械・情報通信分野に専門性を持つ職員の採用枠が撤廃されていく中で、自治体内でシステムを管理することができる体制を維持できず、外部のリソースを活用せざるを得ない状況が一因だと考えられる。

　また、自前主義・自分達の業務のやり方に固執する従来の考え方から、ある程度システムの提供する機能に業務のやり方を合わせることを許容することで、クラウドシステムを活用することが可能となり、また結果として導入コストを下げることにも繋がっているのではないかと考えている。第3章・足立区の取組みでも触れられていたように、基本的に自治体は同じ法令・規則に基づいて業務を実施しているため、業務の実施方法にもかなりの共通性があるはずであり、クラウドシステムが活用されやすい素地があると言える。

　ただ、これらはあくまでも行政機関向けに提供しているクラウドシステムの話である。行政向けのシステムの市場は決して小さくないとは言え、政府・自治体を含め概ね2,000団体程度の市場では、クラウドで生じるスケールメリットは限定的である。

　一方、民間企業でも広く活用されているクラウドシステム（サービス）は対象となる市場規模も大きく、コスト低減等のスケールメリットがより大きい。したがって、これら民生用のクラウドシステムを行政機関が活用することで、より安くシステムを導入することが期待できる。

　もちろん、民間企業向けの会計システムを行政機関が利用する等、差異が大きく導入が難しかったり、そもそも民間企業向けに展開されていないシステム（例えば福祉系のシステム等）は民生用の製品・サービスを利用することは難しい（あるいは不可能）。

一方で、出張命令や旅費精算に関するシステムは民生用のクラウドシステムやパッケージソフト等であれば十分に利用可能である。例えば、実際に一部の自治体等ではJTBや近畿日本ツーリスト等の旅行代理店が民間企業向けに開発・提供する旅費精算システムを導入している。これらでは、システム構築費用を極小化できただけでなく、出張の際に利用する新幹線や航空機、宿泊等の予約もこれらのシステムを用いて旅行代理店経由で調達することで職員が個々に購入するより大幅に安い価格で提供され、出張旅費を大幅に圧縮するなどの成果が上がったと言う。

　これら以外にも、スケジュール管理や会議室予約等も既に広く民間企業向けのクラウドシステムが活用されているはずだが、業務改革の視点では更なる活用が期待される。例えば、年末調整。多くの行政機関ではまだ紙で実施しているケースが多いと思われるが、手書きで記入するとミスや書き漏れも多く、何より面倒くさい（特に筆者のような悪筆の場合）。民間企業ではこれの処理システムをクラウドシステムやパッケージソフトの形で導入しているケースが増えており、申請する職員もチェックする職員も負担軽減を果たしている。あるいは、給与明細等もWeb上で確認したり、PDF化されたファイルが職員それぞれに送付されるサービスがあるが、これらを活用することで総務・庶務の職員の負担は大幅に軽減するはずである。

　これら民生用のシステム・サービスを積極的に活用することで行政機関においてもソリューションを安価に導入し、かつ業務の効率性を高めていく取組みが今後ますます期待される。

第3編

今後の課題

第13章 電子申請100％の壁

株式会社 NTT データ経営研究所
小島　卓弥・兼子　佑樹

はじめに

　政府・自治体とも申請業務は山ほど存在する。これらの効率化のための有効な方策は、やはり電子申請である。

　例えば現在政府は、業務改革の徹底とデジタル化の推進による利用者中心の行政サービスの実現を目標に掲げ、内閣官房において、「デジタルファースト法案」の検討を行い、行政のオンライン化の徹底及び添付書類の撤廃について取組みを進めているところである[1]。

　2018年4月から各府省においてヒアリング調査を実施し、オンライン化及び添付書類の撤廃等を中心とした業務改革（BPR）の方針が検討された。その結果、先進事例が把握されるとともに、現物を必要とする添付書類や厳格な本人確認・対面処理が必要なケースの存在が課題として洗い出された。しかしながら、それらの課題の大半は、一定の法制上の措置を講じた上で、システム基盤を整備しさえすれば、オンライン化及び添付書類の撤廃が可能であることも明らかとなった[2]。

　これを受け、同年6月8日、7月20日の2回にわたり、「デジタル・ガバメント閣僚会議」が開催され、その中で、行政機関に原則すべての行政手続き（申請及び申請に基づく処分通知）をオンラインで実施する義務を課すとした。手続きのオンライン化に当たっては、添付書類も含め手続きの全体をオンラインで実施することとしており、現物・対面が必要な手続きについては適用除外とするとしているものの、真にオンライン化が困難なものに限定するとしており、100％オンライン化の原則の徹底が見てとれる。また、国の行政機関等以外（地方公共団体等）についても、オンライン化の努力義務

1　デジタル・ガバメント閣僚会議「デジタルファースト法案及び各府省デジタル・ガバメント中長期計画について」デジタルファースト法案の検討状況（2018年6月8日）
2　同上 オンライン化及び添付書類の撤廃に関するヒアリング 実施状況

を課し、国がシステムの整備や情報の提供等の支援を実施することで、オンライン化を各地で推進するとしているようである[3]。

オンライン化に当たっては、デジタル技術を徹底的に活用し、行政のあらゆるサービスが、利用者にとって最初から最後までデジタルで完結する社会（行政サービスの100％デジタル化）を目指すとしており、「サービスのフロント部分だけでなく、バックオフィスの業務における情報のフローを点検した上で、書面や対面の原則、押印等のデジタル化の障壁となっている制度や慣習にまで踏み込んだ業務改革の検討を行う」とのことである[4]。

もっとも、これらの議論は目新しいものではなく、ここ20年余り同様の議論が続けられてきた。もちろんハード、ネットワークの機能向上、マイナンバーや公的個人認証等のインフラの整備も進み、計画自体もそれに即してブラッシュアップされてはいるものの、設定されている「100％オンライン化の原則」はそれこそ20年前から掲げられている目標ではあるが、本日現在に至っても実現されてはいない。そこで、本稿では、電子申請100％の壁と題して論考してみたい。なお、ここで言う電子申請100％は電子申請での受付を行う申請に関して電子申請の形でしか受け付けないということを意味している。

すべての申請業務を対象に電子化するという意味で電子申請100％と捉える方もいるため先に補足する（実際に今でもすべての申請業務を電子化すべきと主張する識者は少なからず存在するため）。今を去ること約20年前に筆者がある自治体（都道府県）で調査をした結果、当該自治体では5,000種類以上ある申請の中で、年間に300件以上（概ね1日1件程度）申請がある申請は10％程度と極めて限定的であり、逆に1年に1件申請があるかないかという水準の申請（例えば、私立学校の設置申請等）も大きなウェイトを占めていることが分かった。これら年に数件〜1件あるかないか分からない申請まで含めて電子申請化するのはコスト的にも利便性の面でも（あまりにも申請件数が少ない申請は、申請内容自体も複雑であることが多く、担当部門の職員と協議しながら作成することが結果的に必要となるため）無駄が多すぎ、

3　デジタル・ガバメント閣僚会議「デジタルファースト法案の策定について」デジタルファースト法案の策定状況①、②（2018年7月20日）
4　政府CIOポータル「デジタル・ガバメント実行計画」2.2目指す社会像を実現するために必要となる行政：デジタル・ガバメント（2018年7月20日）

現実的ではなく議論するまでもないことをまず整理しておく。

1 併用される電子申請と紙申請

その上で、現在電子申請されている多くの申請は、紙申請での受付が併用されているケースがほとんどである。これは対国民・住民といった個人を対象とした申請だけでなく、企業・法人を対象とする申請でも同様となっている。

この背景には、すべての国民・住民、企業・法人がインターネットを利用しているわけではないという現状がある。いかに、インターネット全盛の時代を迎え、パソコンだけでなくスマートフォンでもパソコンと遜色ないインターネットアクセスが可能になったとは言え、普及率は100％には到達していない。『平成29年版情報通信白書』によれば、国民・住民ベースでの2016年のインターネット利用者数は、1億84万人、人口普及率は83.5％となっている[5]。また、『2016年版中小企業白書』によれば中小企業の24.8％はそもそもパソコンやスマートフォンなどのIT機器を導入していないという実態が明らかになっている[6]。

そのため、受付機会の公平性等の観点から、行政機関が受け付ける申請は電子申請を実施していても、大半で紙申請での受付を残しているのが実態である。

2 電子申請が有用な理由

ところで電子申請が有用な理由とはなんだろうか。申請者（住民や企業）と受付側（行政機関）のそれぞれにとって、大きくは以下のような理由を整理することができる。

① 役所に申請に訪れる必要がなく、いつでも申請が可能

申請者目線で見ると、申請のためにわざわざ役所に往訪しなくても自宅や

---

[5] 総務省『平成29年版情報通信白書』第2部 基本データと政策動向 第2節 ICTサービスの利用動向（2）インターネットの普及状況
[6] 中小企業庁『2016年版中小企業白書』第2部 中小企業の稼ぐ力 第2章 中小企業におけるITの利活用 2 中小企業のIT活用の実態 業種別のIT導入状況

会社から申請を行うことができるのが最大のメリットと言える。申請を受け付ける窓口が近所にあるのであればともかく、都道府県や国の機関が有する窓口は限定されており、申請するために往訪する時間や交通費（併せて機会費用）は決して少なくない。電子申請はこの機会費用が極小化される。

ちなみに、郵便等での受付であっても多くの機会費用を要する必要はないと言えるが、それでも、送料やその郵便物を出しに行くための機会費用を要することになる。

また、受付時間もシステムが稼動している限り原則24時間365日の受付が可能であり、平日の9時〜17時等、特定の時間帯に限定されることが多い窓口への直接申請と比べて圧倒的に利便性が高いことは間違いない。

② **申請のミスをシステム上でチェックすることができる**

これは申請側、受付側双方にメリットがあるのだが、電子申請で申請を行う場合、記入漏れや明らかなミスに関してはシステム上でチェックが入り、入力のやり直しが求められるはずである。これにより、紙申請で頻発する申請漏れやミスの確認や再提出等の対応を大きく減らすことが可能となる。

実際に、申請の審査をしている職員にヒアリングをすると、この種の軽微なミスが思いの他多く、その確認や修正依頼に多くの時間を要しており、負担になっていると指摘されることが多い。その意味でこれらがシステム上で一定程度排除されるのは実は大きなメリットとなると言える。

③ **申請内容のデータ入力が不要**

次に受付側のメリットとして申請内容をデータ入力する必要がなくなるというメリットである。表向き紙申請を受け付けているといえども、実際に内部で処理をする段階では、申請内容を別の審査・文書管理システムやExcel等で登録し、実際の審査・決裁・事務処理を行っているケースがほとんどである。

紙申請の場合は申請用紙からシステムに入力するという作業を役所サイドで実施しているわけだが、電子申請の場合はデータをそのまま役所サイドのシステムやExcelにインプットすることが可能となり、その分の工数を大幅に減らすことが可能となる。

④ **申請書類の保管スペースが不要**

こちらも役所サイド・受付側のメリットだが、紙申請の場合その申請書類を保管するスペースが必要となる。申請件数が多かったり、添付資料が多い

申請になればなるほど多くのスペースが必要となる。しかし、電子申請であればデータで保存されるため物理的な場所は不要となる上、あとから参照することも容易である。

このように、電子申請を行うメリットは、官民双方に十分にあるということができる。

3 紙申請が残ってしまう悪影響とその課題

逆に、電子申請と紙申請が並存してしまうことによる悪影響はいくつかある。

① 業務フローが冗長に

一番の課題は、業務フローが冗長になってしまうことである。例えば図表13－1のように電子申請だけであれば、受付やデータ入力等の業務を省くことができるが、紙申請が残ってしまうと、その分の受付やデータ入力を行う要員を確保することが必要となってしまい、その分、業務が非効率化したりコスト高になってしまう。

② パソコン・インターネットが使えても紙申請で提出してしまう

電子申請と紙申請を併用している場合、思いの外紙申請の割合が高いことがあり、中にはいわゆるパソコンやインターネットを保有していないわけではないが、紙申請を行っているケースが見られる。なぜ、それが分かるかと言うと、紙申請の利用者でも申請様式等をWeb上からダウンロードして、パソコンで記載したものをあえて紙申請で提出しているケースが結構な比率

図表13－1　紙申請と電子申請が併用されているイメージ

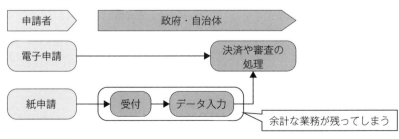

出所：著者作成

で見られるからである。

　これらのユーザーが紙申請を行う要素はいくつもある。
ⅰ　窓口に直接提出して、受領された事実を確認したい
ⅱ　窓口で一緒に確認してもらい、記載や資料の漏れ等をチェックしてもらいたい
ⅲ　電子申請システムが古く、添付ファイルが容量オーバーでやむを得ず紙申請
ⅳ　申請者が公的個人認証等、電子申請を行うための電子認証を有していない（それらが要求される場合）
ⅴ　電子申請なのに捺印が必要な申請様式があるが、PDF等に変換するツールを持っていない

　ⅰ、ⅱは申請者の「気持ち」の問題でもあり、行政サイドではいかんともしがたいが、電子申請でも受領確認のタイムスタンプが提供されたり、システム作成中に自動でチェックが入るので、実態としてはユーザーの取り越し苦労であり、逆に言えば全面的に電子化してしまえば、我慢されるレベルの課題と言える。
　ⅲは時々発生する課題で、筆者も電子申請ができず結果的に郵送申請に切り替えたり、別途メールで追加送付し直した経験がある。これは特に古い電子申請のシステム等でよく見られる課題で、2～3MBを超える添付ファイルは受け付けられない仕様となっているケースが多い。システム構築当時と比べると資料に写真や図などのデータを添付することも少なくなく、想定以上にデータが重くなっていることが原因で生じているようだ。
　ⅳに関しては電子入札等本人確認が厳密に必要な場合やむを得ないケースもあるわけだが、電子認証を使えるようにするためには5万円程度の初期費用が必要なことが多く（マイナンバーカード等は別）、申請の頻度が少ない申請者は敬遠する大きな要素となってしまう。申請の内容によってはIDとパスワードレベルのセキュリティで十分なケースもあると考えられ、再考の余地はあるケースもあるのではないかと考えられる。
　ⅴについては電子申請で実施する以上は、本来捺印を不要にする等の工夫が必要だがいまだに様式に捺印を求める電子申請は多い。そもそも、印鑑

（特に印影）の偽造は現代の技術ではかなり簡単に行えるようになっており、捺印を持って原本性の証明とすることはあまり意味がないように思われる。にもかかわらず、電子申請で捺印済の申請様式をわざわざPDFにして提出させるのは行政側の形式主義に起因するものだと言わざるを得ず、早急に改善（意識改革）すべき課題である。

いずれにせよ、ⅲ～ⅴ等の課題はこれを払拭しないと電子申請で受け付けられるようにしても、結果的にはなかなか電子申請比率が上がらないことになるので、改善が必要となる。

4 実際には紙で受け付けたい行政の気持ち

一方で、電子申請を推奨しているはずの行政機関サイドでも実際には紙で受領したいという気持ちが見え隠れし、使いにくい電子申請となっているケースも見られる。

実際に行政の現場をチェックすると、紙の方が審査やチェックがしやすい、内部の決裁は紙で実施している、等の意見も多く、電子申請されたデータをわざわざプリントアウトして審査しているケースも決して少なくない。

また、電子入札を導入している行政機関でも、提案書は別途、持参か郵送を求められるケースがあるが、これらもまさに「審査は紙で実施したい」という行政サイドの気持ちが強く現れている。

かく言う筆者も、本書の原稿を紙に打ち出してからチェックをしているため、上記の気持ちが分からないではないのだが、**2**で示したようなメリットを生かすためにも改善が必要となる。例えば、審査が行いやすいよう大画面のモニターを審査担当者用に用意したり、電子申請されたデータに電子的な付箋等で後に審査する者に申し送りができる等の工夫をすることで、これらの課題を乗り越えていく必要がある。

まとめ

ここまで整理してきたように、完全に電子申請化するか否かについては、まだまだ課題があるのは事実である。**1**で整理したようにインターネット普

及率が80％強という状況で、手段の公平性の観点から紙申請を残すという判断も十分に理解できる。

　ただ、だからと言ってそのまま紙申請を残し続けたら、いつまでも業務は効率化せず、かつインターネット普及率、少なくとも電子申請の利用率も向上しないのではないだろうか？。むしろ、強い意志で電子申請以外は受け付けない申請を増やしていく決断が必要だと筆者は考えている。特に、行政機関の財政が厳しく、少子高齢化に伴い、労働力の減少が予想される我が国において、申請書を再入力するといった業務に財政的・人的リソースを割いている余裕はないのではないだろうか。

　また行政への申請行為も、国民や企業から見て義務的に報告を負わされるものに関しては、紙申請を残すが、例えば補助金や給付金等のように国民や企業が益を受けるものについては、電子申請以外では受け付けない、という切り分けもできるかもしれない。あるいは、法人からの申請はすべて電子化を図るという決定を行うことで、政策的に中小企業のIT化を推進していく方法も考えられる。

　いずれにせよ、電子申請と紙申請を並存させるのは無駄が多すぎる。電子申請を導入している申請については、できるだけすべての申請を電子化する方向に寄せていく努力が、今後ますます期待される。

第14章 外部委託の適正範囲

株式会社 NTT データ経営研究所
小島 卓弥

■ はじめに

外部委託（アウトソーシング）は行政機関における業務改革の中でも有用性が高く、改善効果の高い解決策（ソリューション）の一つと言え、多くの行政機関で広く活用されている。

一方で、外部委託を効率的に活用していくためにはその対象範囲の設定が重要になる。本項ではこの外部委託の適正範囲について、整理していく。

1 行政機関における外部委託の難しさ～規制との狭間で

そもそも論として行政機関における外部委託は難しい部分があり、指定管理者制度導入以前は自治体における公共施設の管理は外部委託ができない等、様々な規制があった。これらについては2000年前後の NPM の導入に伴う規制改革により、だいぶ解消されたものの、少なからず規制が残っている部分があるのもまた事実である。

例えば、自治体における住民記録にかかわる窓口業務（転入・転居等）に関しては、窓口対応や事務処理等の部分が既に外部委託が進んでいるものの、その業務の途中で必要になることが多い住民基本台帳ネットワークシステムへのアクセスは公務員（非常勤職員等、所謂みなし公務員を含む）以外には許されておらず、その部分だけは正規職員や非常勤職員が対応する必要があり、完全な委託化が困難な形になっている。

この問題の是非については、本項では割愛するが、このような規制は行政機関における業務の様々な部分にちりばめられており、これをどのように解消しながら外部委託を行っていくか考えていく必要がある。よくよく分析してみると外部委託の対象業務と公務員が実施しなければいけない業務の間を書類が行ったり来たりすることになりかねず、結果として業務が非効率化し

てしまうことすらあるからである。

2 束ね方が難しい外部委託

　一方で、規制が緩和された業務に関しても外部委託の束ね方が難しい部分があるのもまた事実である。以下に対照的な二つの事例を紹介してみたい。

（1）市民ホールの包括委託

　市民文化会館等の名称が付いた演劇や演奏会などを実施するホールは多くの自治体に存在し、その管理委託を指定管理者制度を用いた民間企業に委ねるケースも増えてきている。

　この際、所謂、箱物であるホールの管理・運営業務そのものに加え、ホールに自主企画の演劇やコンサートなどを誘致する業務を含め委託するケースもあると聞く。これは一見すると包括的な委託になっており有効そうに見える。

　しかし、これを受託する企業はどうだろうか？。ホールの管理・運営を受託できる企業は管財系の企業等で対応が可能である。また、演劇やコンサートなどを誘致できる企業もイベントプロモーション企業等で対応することが可能である。しかし、両者は全く異なる性質を持った業務であり、これを両立できる企業はごくわずかであると考えられる。

　この場合、数少ない両立できる企業を誘致するか、管財系の企業とイベントプロモーション企業との企業連合への委託が考えられるが、前者はそもそも絶対数が少なく、応札してくれるにしてもコストが高止まりする恐れがある。後者も二つの機能が両立しなければ応札できないためどこかの企業を引き込む必要があるが、無理にそれをすれば引き込まれた企業がコストを高く設定する可能性があり、やはりコストが高止まりする可能性がある。

　このような場合は、施設の管理・運営は管財企業に、コンサート等の誘致はイベントプロモーション企業に別々に委託に出したほうが、結果的に参入可能な企業が増え、コストを下げたり、質を高めることができる可能性がある。

　また、自治体のホールはいわゆるコンサート等の収益事業ではなく、市民向けの学習の場であるセミナーや、小中学校の演奏会等、学習の場としての機能も期待されており、必ずしも収益性のあるイベントで埋める必要がない

ケースもある。この場合は企画の部分は従前どおり自治体や自治体配下の財団で実施し、イベントプロモーション企業との連携を強化して空き日程を埋めてもらう、というだけでも効果がある可能性も考えられる。

類例として、図書館の包括委託が挙げられる。図書館自体の指定管理者制度の導入比率は他の施設に比べ低いものの、徐々に拡大しつつある。この際、図書館の施設の管理や書籍の貸出管理等の委託とともに、図書館で購入する書籍を選ぶ「選書」業務まで委託する例がある。

図書館の成果を図る指標として書籍の貸出冊数が設定されるケースが多いが（これも是非があるが）、指定管理者が手っ取り早く成果を上げるためベストセラー本や漫画等を集中的に購入し、貸出冊数を増やす方法がある。しかし、書籍の購入予算には限りがあるため、個人ではなかなか購入しにくい専門書や地域の歴史的な資料等が購入されないなどの弊害が出かねない。また、武雄市の図書館では受託企業が古い書籍や全く当該地域で関係ないグルメマップ等を購入し、問題になったことすらある[1]。

この場合も、書籍の購入対象は図書館司書の資格を持つ職員や学校教員、学識経験者等による選書委員会等で検討し、書籍の調達や装備（ラベルを貼ったり、カバーをかける作業）からは委託に出すことで、この種の問題を防ぐことができる。

これらのように、単純に包括委託をすることでコストが高止まりしてしまったり、事業目的から逸脱した形に展開してしまうことがある。したがって、応札する企業候補群の業務特性等を踏まえ適切な委託の範囲を考え、行政機関との役割分担を考察することが重要になる。

（2）市民課窓口業務の外部委託

もう一つは、先にも登場した市民課窓口業務の外部委託である。ある自治体では、窓口対応の業務の内、既述のような法規制のある業務を除く業務を外部委託していた。市民課の窓口では、役所の窓口に市民が直接来庁し、対応する窓口業務に加え、遠隔地に住む市民、あるいは戸籍が残っている方からの郵送による証明書を求めるケースに対応する郵送対応も存在している。

---

[1] 「10年以上前の Excel 本や「公認会計士受験本」… 武雄市図書館は TSUTAYA の「在庫処分」なのか」J-CAST（2015年8月12日）https://www.j-cast.com/2015/08/12242571.html?p=all （2018年12月20日現在）

図表14−1　複数事業者に委託した場合の弊害（イメージ図）

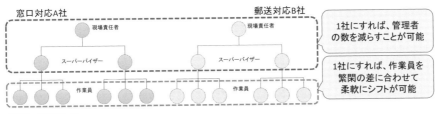

出所：著者作成

　この自治体では、窓口業務はA社に、郵送対応業務はB社とそれぞれ別々の企業に委託に出していた。一見すると窓口業務と郵送対応業務は異なる業務のように思われ、最適化が図られているように見えるが果たしてどうだろうか？

　確かに、自治体に証明書発行を依頼する入り口の部分は窓口と郵便で異なる。しかし、その後の審査やシステムへのデータ登録、決裁等の業務は、窓口と郵送で変わるところはあまりない。

　また、窓口業務というのは繁閑の差が大きく、曜日や時間帯、時期によっても大きく必要とされる業務量が変わることになる。であれば、窓口業務が忙しくないタイミングでは、郵送対応をサポートする等、相互に繁閑の差を埋めれば、より効率的に職員を活用できる可能性がある。

　更に、業務委託をする際には公務員が委託先の社員に直接作業指示を行うことができない（偽装請負になってしまう）ため、間に委託先の現場責任者（あるいはスーパーバイザー等）と調整の上業務を推進していく必要がある。この現場責任者も複数社に分割して委託すれば単純に倍の数が必要になりその分コストが割高になる。これも1社に委託することで、その比率を下げ、相対的にコストを下げることが可能になる。

　こちらの例は、市民ホールとは逆に分けて発注したことでかえってコストが高止まりしたり、委託企業を有効に活用できない状態を生み出したりしていたのである。

3 外部委託の問題を防ぐために

2で見たような問題を防ぎ、適切な範囲で業務委託をするにはどうすればよいだろうか。もちろん行政機関内で十分に検討を重ねることが必要なのは論を俟たない。例えば施設は、それ自体の運営・管理の話もあるが、それより何よりその施設を活用して行政機関の施策や事務事業を実施する手段である点が重要であり、それを最適（これには費用対効果も含む）に実施する方策はどれか良く考える必要がある。また、法令上の委託の可能範囲等も十分に確認をする必要がある。

そして、もう一つ重要なのは受託し得る複数の企業に話を聞く、ということである。それも、仕様書を作成した後ではなく、話が固まっていない企画の段階で確認をすることが重要である（仕様書がある程度固まった段階では変更が利かず話を聞いても意味がないため）。

この段階で〇〇業務の委託をしようと考えているが、そもそも企業として受託できるか。また受託できるとして、どのような形や規模感であればコストもパフォーマンスも高く受託できるのか、等について事前にヒアリングを行うことで、委託の適正規模がある程度見えてくるはずである。

もちろん、事業者の見解の言いなりになる必要はなく、彼らの得意分野と行政機関としての委託意図との均衡点を見つけ、委託範囲を決めていくことで、より実効性が高く、コストパフォーマンスの高い委託を行うことが可能となるのである。

適切な業務範囲で委託をするというのは、言うのは簡単だが実現するのはなかなかに難しく、特に複合的であったり、複雑な業務をアウトソーシングしていくのは難しい。なぜなら、その最適値は行政機関、受託企業いずれにも存在せず、協議の上で作り上げていく必要があるからである。

またこの問題が難しいのは、他の自治体ではうまくいったからと言って、自分達もうまくいくとは限らない点である。事業の性格や予算額、施設の状況、地理的な制約（受託できる企業等の有無）等の問題があるため、個々の事例毎に丁寧に企画をしていく必要がある。

逆に、これらを十分に煮詰めることで、従前以上のパフォーマンスを示す委託をすることも可能となる。委託を検討する際には、ぜひこの点にも留意して検討してもらえればと思う。

第4編
BPRの進め方

第15章 BPR（業務改善）の進め方
——現状把握から実施方法まで

株式会社 NTT データ経営研究所
小島　卓弥

はじめに

　ここまで整理してきたように、政府・自治体では様々な業務改善、BPRが行われてきている。また新たな業務改善のソリューション（解決策）も登場してきており、業務改善できる対象も幅も大きく広がりつつある。

　これら、業務改善を実施するに際しては、筆者のようなコンサルタントや、システムベンダー等のサポートを受けることで実施するケースも多いが、業務改善の内容や深さはともかくとして内部の職員だけでも実施することができる。

　それは我々外部の人間だけでは、業務の中身自体を把握することが不可能であること、そして実際に業務を実施している内部の人間だからこそ気付く、あるいは課題として認識される事項も多く、「改善の答えは現場にこそ存在する」からである。とは言え、現状把握の方法論や課題に対してのソリューションの引き出しはコンサルタント等の方が多いため、自前で実施する（できる）もの、外部の人間を入れることでより高度な業務改善を行うもの等、適宜使い分けをしてもらえればと思う。

　本項では、自分達でBPR・業務改善を実施することを念頭に、実際の業務の流れを整理していく。なお、この流れはあくまで筆者が考える、そして多くの政府・自治体で実践してきた行政機関向けの業務改善の流れである。業務改善の取組みは自体は民間企業、特に製造業においては数十年の蓄積があるためその方法論も多様である。ただ、それを実施するためには別途コンサルタントを入れたり、専門的な研修を受けたりしなければならないものもある。

　そこで、本項で紹介するのは、標準的な業務改善の流れと最小限のノウハウを活用して自前で実施するための方法論を整理したものだと理解いただきたい。

1 BPRの進め方

　基本的にBPRの進め方は、現状は把握とその結果から得られる課題やボトルネック（業務が非効率化する要因）を改善する、という大きく二段階に分かれることになる。現状把握も、最も基礎的な情報となる業務の流れの把握（業務フロー分析等）と業務量の定量的な把握（活動基準原価計算；ABC等）に分かれる。また、業務改善に関しては様々な課題に対してそれに対応した多くの業務改善が考えられるため、これについては業務改善を実施する人によって無限のバリエーションがあると言える。

　本書では現状把握の手法として、業務フローと活動基準原価計算（ABC）を紹介し、業務改善に関しては、大半の行政機関で何らかの業務を実施しているであろう旅費支給をテーマに改善策を考えていく流れを整理していきたい。

2 現状把握

（1）業務フローの作成

　業務改善を実施するに当たり現状把握に関してまず実施するべきは、業務フローの作成である。業務フローは業務の流れに着目して実施する現状把握手法であり、粒度（把握する業務の細かさ）や表現方法の差こそあれ、今も昔も変わらず活用される標準的な業務把握のための手法である。

　公務員の方が「業務フローの作成」と聞くと、作成するのが難しいと思われる方も少なくないが、基本的に皆さんが日々実施している業務の流れを図表に書き起こしていくだけの話であり、少なくとも基礎的な現状把握のための業務フローの作成はそれ程難しくないので、安心して欲しい。

　図表15－1は、遠距離出張に行く際の、出張命令書への決裁から出張者に出張旅費を支給するまでの流れを表現した業務フローである。少々長いフローであるが、今日もどこかの行政機関でこのような流れで実施されているに違いない業務フローでもある。

　閑話休題、業務フローの作成に当たっては、以下の点に留意して欲しい。

図表15－1　長距離出張における出張命令～旅費支給までの業務フロー（イメージ）

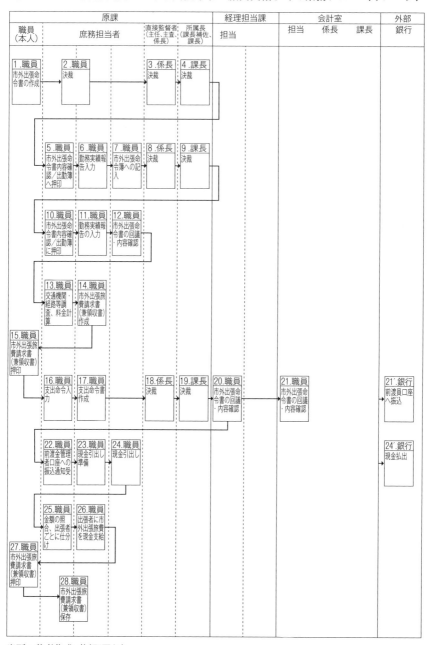

出所：著者作成（以下同じ）

① 業務フローの作成は、フローの最初から最後までの流れに関与する職員に参画してもらい、かつできるだけ複数人で実施する

　行政機関の場合、一人で業務が完結するものは少なく、複数人、場合によっては複数の部署を経由しなければ業務が完結しないケースは山ほどある。一方、業務フローは最初から最後まで業務の流れを整理するべきものであり、それを実施するためには個々の担当者だけでは作成が困難である。また、既述のとおり、残念ながら、行政機関において既に業務フローが作成されていたり（既にシステム開発を行った場合等は除く）、丁寧なマニュアルが存在するケースは少なく、存在しても既に業務のやり方が大きく変わっているケースも少なくない。

　そのため、最低でも最初から業務の流れを追うことができるように関係する担当者に集まってもらい、業務フローを話し合いながら作成することが必要である（これは、筆者がコンサルティングを行う際にも同じお願いをしている）。その際、もし可能であれば同じ業務を行う複数の担当者がいるとなおよい。人により業務のやり方が微妙に異なることがあり、標準的な業務の実施方法を把握するためには、確認しながらその補正を行う必要があるからである。

② 誰が実施するかを意識して作成する

　業務フローは作成するお作法により、上から下に流れていくものや、右から左に流れるものなどがあるが、共通するのは短冊状に誰が実施するのかを意識して作成されている点である。本項で紹介している業務フロー（図表15－1）は上から下に業務が流れていくため、縦の短冊が同じ担当者（もしくは同じ業務を行う担当者）であることを示している。

　この際担当者が、どのような職位なのか（いわゆる役職のない職員なのか、役職のある職員なのか、非常勤職員なのか）を把握して作成する必要がある。これは後でBPRを実施する際に、正規職員を非常勤職員に代替したり、決裁権限を下げる等の検討を行うため、大切な情報となるからである。

③ システムや銀行等、職員が関係しない部分も把握する

　業務を行う際にシステムにデータを入力したり、銀行からお金を下ろす、あるいは銀行から振り込んでもらう等、職員以外の何かが業務をサポートしてくれるケースがある。その際には、一番端（縦型のフローの場合には左端）にシステムや銀行等の縦の短冊を用意し、システムの場合はアクセスす

るデータ、銀行の場合には銀行が対応する業務をそれぞれ記入していく。特に、複数のシステムを活用して業務を実施する場合にはその業務でどのシステムを使っているのかについても併せて把握していくことが重要となる。

④ **イレギュラー処理の把握とフローへの整理**

業務を実施していると、どうしてもイレギュラー処理が発生したり、ミスが生じた際にやり直しをすることが発生する。これらの業務フローへの反映方法だが、差し戻しなどが頻繁に発生する際には、フローの中にやり直す（逆戻りする）矢印を記載し、その存在が分かるように整理する。ただし、やり直しになった場合、あるいは特定の条件に該当した場合に業務の処理方法がガラッと変わってしまうような場合には、別の業務フローを書き起こしたほうが整理しやすい場合もあるので、検討が必要である。

なお、逆にイレギュラー処理がそれ程発生しないような場合には、業務フローに反映する必要はなく、備考欄等を設けてその存在や処理方法を整理しておけば十分である（ただし、件数は少ないがその処理に膨大な時間を要する等の場合は別途フローを作成する方がよい）。

以上が、業務フローを作成する際の留意点となる。業務フローの作成自体は、フローの作成支援ソフトを使うケースもあるが、行政機関内部で作成する場合には、Excel等の表計算ソフトやPowerPoint等で作成することも十分に可能である（添付のフロー図はExcelで作成）。

専門的なフロー作成ソフト（ツール）を使う方が作成するのは楽な部分もあるが、そもそも操作方法を学ぶ必要があり、また作成したフロー図を共有する際にPDF化が必要でソフトをインストールしていない者との共有や修正が困難、という課題もある（何より、それを購入する必要がある）。そのため、内部で業務改善の検討を行うのであれば、ひとまず自身のパソコンにインストールされている表計算ソフト等で実施してみることをお勧めする。

なお、手書きで業務フローを作成する方法ももちろんあるが、下書きはともかくとして、その後の業務改善の検討等で業務フローを書いたり消したりして業務改善を実施するため、電子化しておいた方が後々の作業が楽になることを付記しておく。

（2）活動基準原価計算（ABC）によるコストと業務量の把握
① 定量的な業務量とコスト把握の必要性

　業務の現状分析を行うに当たり、業務フローで対象業務がどのような活動（業務フローにおける四角で表現される単位）で構成され、誰（どのような属性の職員）が担当し、どのように業務が流れていくかを把握することが可能である。

　一方で、業務フローだけではそれぞれの活動にどの程度の時間や業務のウェイトが掛かっているのかを把握することができないため、改善すべき優先度がどの程度あるのか、改善することによりどの程度の効果を生み出すのかを把握することができないという欠点がある。

　特に、行政機関の場合、個々の事業の予算の中に人件費が含まれていないため、業務毎にいくらのコストが発生しているのか分からないという大きな問題がある。公共事業や年金等を除き、行政の個別事業で大きなウェイトを占めるのは人件費であり、これが把握されていないというのはそもそもで大きな問題がある。特に、業務改善の検討を行うに当たり、民間企業への委託やシステムの導入が俎上に上がることがあるが、その際業務改善を行うことにより現状コストからいくら引き下げることができるのかを把握することができなければ、業務に比して過大なコストの外部委託やシステムを導入してしまう可能性すらある。

　もちろん、現状の業務があまりにも過大で、コストの削減よりもシステム導入や外部委託を実施し、業務が適切に運営される状態を早急に作り出さなければならないこともある。しかしながら、どんな形であれ現状どの程度の業務量、及びコストが発生しており、業務改善によりそれがどの程度減るのかを示さないと、システム開発や外部委託の予算を確保することも難しい。そのためにも、定量的な業務量とコストの把握は重要なのである。

② 定量的な業務量とコストの把握手法としての活動基準原価計算

　この定量的な業務量とコストの把握手法として、活動基準原価計算（Activity Based Costing：ABC）という手法を紹介したい。本手法は、1980年代に米国で誕生した手法で、我が国でも広く活用されている原価計算手法の一つである。日本では特に、流通・物流業やサービス業等、原価計算が重視されてこなかったり、困難であった分野での導入が顕著で、行政機関もその一つと言える。

活動基準原価計算のそもそも論について紹介していると本が1冊書けてしまうため、より細かく知りたい方は、筆者も執筆に参加した南学編著『実践！「自治体ABC」によるコスト削減―成果を出す行政経営』（ぎょうせい、2006年）等を参照してもらうとし（既に絶版になっているため、図書館もしくは中古書籍の購入等で入手されたい）、本書では業務改善に必要な、積み上げ式のABCの簡単な実施方法について整理していく。

③ 積み上げ式のABCとは

積み上げ式のABCとは活動単位に標準作業時間に処理件数（行政機関の場合は一般的に活動期日は年間となる）を掛け合わせて、業務量とコストを計算する活動基準原価計算の一手法である。1件当たりの処理時間がそれ程多くはないが、多くの件数を処理するような業務に向いており、業務改善を行う場合にはこの手法を用いることが有効なことが多い。

調査の流れは以下のとおりである。

i　標準作業時間の把握

まず、把握すべきは標準作業時間の把握である。これは、業務フローをベースに、それぞれの活動の1件当たりの標準的な処理時間を把握するものである。以下は、先ほど紹介した旅費の業務フローの一部に標準作業時間を反映したものである。

標準作業時間は原則として活動単位で把握する（同じ担当者が同じ作業の流れで実施する場合には複数の活動を束ねて把握してもよいが、基本的には活動単位が望ましい）。

標準作業時間は製造業や流通、物流業等ではストップウォッチを持って、計測していくケースもあるが、行政機関では、実施している担当者複数人に集まってもらい、だいたいどの程度の時間で処理できるのかを担当者の実感で把握するのが一般的である。

ストップウォッチを用いた手法に比べ大雑把な印象を持たれるかもしれないが、行政機関のようなサービス業の場合、いかに定型的な業務であっても個体差が大きく、ストップウォッチで計測したサンプルによっては平均的な作業時間がかえって把握できない恐れがある。また、人事異動が頻繁な行政機関の場合、調査を行う時期により担当者の業務習熟度が異なる、という課題もある。したがって、担当者の感覚で把握したほうがより実態に即した時

図表15－2　業務フローに１件当たりの標準作業時間を把握したもの

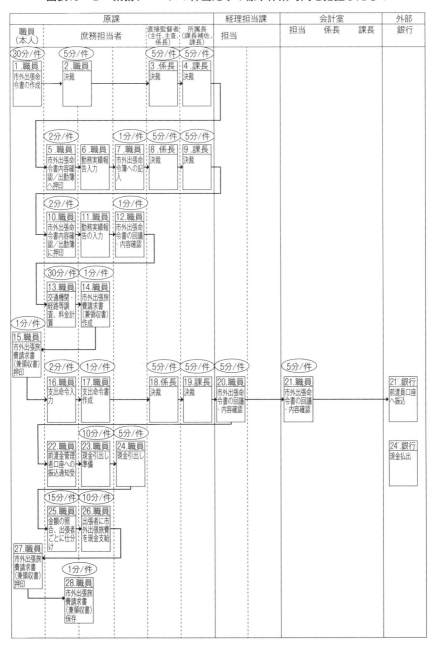

第15章　BPR（業務改善）の進め方

間を把握することができる次第である。この把握方法は行政機関での活動基準原価計算でよく使われている他、金融機関等でも活用されており、一定の蓋然性のある手法と言うことができる。

この標準作業時間の把握で留意してもらいたいのは、活動により件数が異なるものの時間の把握である。例えば、申請物の業務把握の場合、基本的に標準作業時間は申請単位で把握するが、複数の申請をまとめて決裁したり、1日の終わりにその日処理した申請書類を束ねて書庫にしまう、あるいは月次単位で申請件数を統計的に把握して報告する等の場合にはそれぞれの処理単位（日次や月次）で標準作業時間を把握する点に留意が必要である。

ⅱ 処理件数の把握

標準作業時間に掛け合わせる処理件数を把握する。既述のとおり、年単位での処理件数を把握するが、月次処理等の場合は処理件数を12件にする等、活動が発生する頻度に合わせて設定していく。

ⅲ 職員の年間勤務日数の把握

業務処理時間の把握に当たっては、基本的に標準作業時間×年間処理件数で把握できるが、それを業務量に変換するためには、職員1名当たりの標準的な総勤務時間を把握する必要がある。

基本的には、
・各行政機関の稼働日数（365日－土日祝日及び年末の休暇）を把握
・その日数から平均有給取得日数を引き、その数値に1日当たりの勤務時間（7.75時間（各行政機関の規定に順ずる）×60分）を掛け合わせて、職員1名当たりの標準的な作業時間を把握（これを1人工（1人年）と言う）。

ⅳ 業務量の把握

業務量を把握するためには、

標準作業時間×年間処理件数÷1人工

で計算することができ、それぞれの活動毎にどの程度の業務量が生じているかを明らかにすることができる。ここで把握される業務量は活動単位に、何人工（人年）の業務量に相当するのかを表現している。

ⅴ 職員の平均給与額の算定

既述のとおり、事務事業単位の予算には原則として職員の人件費が含まれていないため、上記業務量に平均給与額を掛け合わせて算出する。民間企業

図表15-3　給与のイメージ

認識されている給与（給与明細に記載）	認識されにくい給与（に相当するもの）
給与	共済負担金 ・短期、介護、保険、長期
諸手当	
期末・勤勉手当	
所得税、住民税（天引きされる）	
共済掛金、年金、介護保険料等の自己負担分（天引きされる）	退職金給与引当金（相当額）

では、業務に従事している職員の給与額を積算して把握するケースもあるが、行政機関の場合はそもそも職員一人ひとりの給与を業務分析のために把握するのは至難であり、また、人事異動が頻繁に発生するため、たまたま勤続年数が長い職員が配属されるとコストが高くなる等の弊害もある。そのため、職員の平均給与を算定し、それを掛け合わせることで人件費コストを明らかにすることができる。

職員の平均給与は、税金を含む直接支払額の単位では各行政機関で把握しているケースが多い。ただし、職員の給与と一言で言っても、実際には共済負担金や年金等の雇用者負担分や退職金給与引当金（民間企業では社員が入社したタイミングから財務諸表上、将来し払う退職金に相当する金額を積み立てている）に相当する金額を合算して把握する必要がある。

これらの数値は人事部門等が把握しているため、確認して欲しい。なお、退職金給与引当金については、バランスシートを作成している行政機関では把握しているはずなので、財政部門等に確認し、これを職員一人当たりに直して計算する。

これがない場合には、

単年度の退職金総支給額÷その年度に退職した職員数÷平均在職年数

で簡易的に計算することができるため、それを活用してもよい。

どうしても、これら認識されない給与の把握が困難な場合には平均給与額に、概算値（1.4程度と言われている）を掛けた数値で簡便に計算してもよい。

ⅵ　活動コストの把握

先に把握した業務量にこの平均給与額を掛け合わせることで、活動単位の人件費コストを明らかにすることができる。これが活動基準原価計算による計算結果となる（図表15-4参照）。

図表15-4 活動基準原価計算による計算結果イメージ

業務名	Act. No.	活動名	活動者	件数	標準作業時間(分)	総作業時間(分)	活動別人工	活動コスト
旅費支給	1	市外出張命令書の作成	職員	10000	30	300000	2.72	¥24,456,522
	2	決裁	職員	10000	5	50000	0.45	¥4,076,087
	3	決裁	係長	10000	5	50000	0.45	¥4,076,087
	4	決裁	課長	10000	5	50000	0.45	¥4,076,087
	5	市外出張命令書内容確認/出勤簿へ押印	職員	10000	2	20000	0.18	¥1,630,435
	6	勤務実績報告入力	職員	10000		0	0.00	¥0
	7	市外出張命令簿への記入	職員	10000	1	10000	0.09	¥815,217
	8	決裁	係長	10000	5	50000	0.45	¥4,076,087
	9	決裁	課長	10000	5	50000	0.45	¥4,076,087
	10	市外出張命令簿内容確認/出勤簿に押印	職員	10000	2	20000	0.18	¥1,630,435
	11	勤務実績報告の入力	職員	10000		0	0.00	¥0
	12	市外出張命令書の回議・内容確認	職員	10000	1	10000	0.09	¥815,217
	13	交通機関・経路等調査、料金計算	職員	10000	30	300000	2.72	¥24,456,522
	14	市外出張旅費請求書(兼領収書)作成	職員	10000	1	10000	0.09	¥815,217
	15	市外出張旅費請求書(兼領収書)押印	職員	10000	1	10000	0.09	¥815,217
	16	支出命令入力	職員	10000	2	20000	0.18	¥1,630,435
	17	支出命令書作成	職員	10000	1	10000	0.09	¥815,217
	18	決裁	係長	10000	5	50000	0.45	¥4,076,087
	19	決裁	課長	10000	5	50000	0.45	¥4,076,087
	20	市外出張命令書の回議・内容確認	職員	10000	5	17075	0.15	¥1,391,984
	21	市外出張命令書の回議・内容確認	職員	10000	5	17075	0.15	¥1,391,984
	22	前渡金管理者口座への振込通知受付	職員	10000		0	0.00	¥0
	23	現金引出し準備	職員	10000	10	34151	0.31	¥2,784,049
	24	現金引出し	職員	10000	5	50000	0.45	¥4,076,087
	25	金額の照合、出張者ごとに仕分け	職員	10000	15	51226	0.46	¥4,176,033
	26	出張者に市外出張旅費を現金支給	職員	10000	10	34151	0.31	¥2,784,049
	27	市外出張旅費請求書(兼領収書)押印	職員	10000		0	0.00	¥0
	28	市外出張旅費請求書(兼領収書)保存	職員	10000	1	3415	0.03	¥278,397
		計		10000	-	1267093	11.48	¥103,295,625

　この表を見ると分かるように「活動別人工(業務量)」と「活動コスト」及び当該業務にかかる業務量とコスト(人件費)の総計が明らかとなっていることが分かる。この業務量とコストを活動単位で把握できるのが活動基準原価計算の最大のメリットであり、後述する業務改善の検討の際に大きく寄与するのである。

(3) その他の現状把握
① ブレインストーミング

　ここまで業務フローで業務の流れを、活動基準原価計算（ABC）で定量的に業務量を把握する手法について整理してきた。その他の現状把握の方法として、担当者に日々感じている課題や問題意識、無駄だと感じていること等を把握する意見交換会、あるいはブレインストーミングを実施するのも有効である。

　既述のとおり、現場の課題は現場の職員が一番知っている。ただ、それを表明すると、上司に怒られるのではないか、あるいは先輩に嫌われるのではないか等と考え、内に秘めたまま仕事をしてしまうケースも少なくないはずである。実際には上司や先輩はその実態を知らなかったり、慣れで処理したりするケースも少なくない。そこで、現場が抱えている課題を明らかにする機会を設け、そこから改善の糸口を探るというものである。

　図表15－5は、筆者が実際に業務改善のコンサルティングを行う際のブレインストーミングの案内シートになる。ブレインストーミングの実施方法に

図表15－5　ブレインストーミングの案内シート

本日のブレインストーミングについて

　〇テーマ
　〇窓口対応時に感じるストレスについて
　〇申請書類のチェックについて

・ヒアリングの進め方
　・本日設定されているテーマについて、皆さんが日々感じている課題やこうするともっと良くなるのにと思う点、更に、面倒だな、非効率だなと負担に感じていることを率直にお話ししてください。
　・誰かが話した内容に、賛同したり、追加的に思っていることを話していただくのも大歓迎です。
　・ただし、誰かの発言内容を事実誤認以外での否定はやめてください。人それぞれ感じ方は異なりますし、従事している年数等でも感じ方が違うのは当然のことです。今回は、いろいろな方のいろいろな意見を伺いたいと思います。
　・今日のブレインストーミングで何か、具体的な答えを出すものではありません。したがって、無理に話をまとめようとする必要はありません。
　・今後、課題に対して現状調査等を実施させていただき、業務がより効率的・効果的に実施できるよう検討していきますが、今回はその前段階の「どこに課題があるのか」を明らかにするために実施するブレインストーミングです。

ついては、インターネット上にも多く紹介されているため確認してもらえればと思うが、実施に当たり以下の事項を参加者に周知し、それを守って実施することが大切である。

② ブレインストーミングを実施する際に守るべきこと
・日々感じている課題等を率直に語ってもらう。
・誰かの意見に賛同してもらうのはOK。追加的（乗っかって）に意見を言うのも歓迎。
・ただし、そもそも正解はないという前提で進めるので否定は禁止。
・ブレインストーミングの場では答えは出さない（議論の集約も行わない）。

という事項を遵守し、とにかく意見やアイデアを集めることに注力するということが大切である。それから、特に新人や若手、異動してきて日が短い職員に積極的に発言してもらうことも大切である。もちろん、ベテランや長く業務を行っている職員のノウハウやアイデアも大切である（特に業務フロー等の確認を行う際には大変重要）。

一方で、長く業務をやってきたがゆえに、改善の検討を行う際に「昔からこのやり方でやってきたので変更すべきではない」というような否定を行ってしまうことも少なからずある。経験が長い職員の意見はどうしても重視されがちで、そのまま改善が進まなかったり、限定的な改善しか行えない要因になることもある。

新人や若手、異動してきて日が短い職員が言うことは、的外れなことも、これまた少なくはないのだが、むしろ新鮮な目で確認してもらうことで、ベテランが気付かない課題や、改善の糸口が見つかることも多い。したがって、彼らには恐れずに積極的に発言してもらうように実施することが大切である。

ブレインストーミングで明らかになった現場の課題と、業務フローや活動基準原価計算で算定した業務量の情報を突き合わせてみると、課題の場所がより鮮明になる。現場の不満が多い業務は、そこに課題（ボトルネック）があり業務量が過大になっていたり、職員が実施しなくてもよい、例えばシステムで自動処理できるような転記行為等であることが多い。これらを改善することで業務の効率性を高めると同時に、職員の不満・負担感もまた解消することが可能となるのである。

③ 利用者アンケートの実施

　申請系の業務等、住民や企業等外部の方が関係する業務に関しては、外部の意見を把握するのも改善の糸口を摑むのに有効なことがある。例えば、申請された書類に不備が多く、審査をする職員の負担が重い場合、それはそもそも申請書や説明資料やホームページ等の案内が申請者に分かりにくかったり、十分な情報を提供していなかったりするケース等も想定される。

　特に、公務員がこの種の案内の資料やホームページ等を作成すると、法令や条例等、制度等の説明に重きを置き、実際に申請者が欲しい、申請書の書き方や自分がそもそもどのカテゴリーに該当するのか、等の情報が抜け落ちていることが少なくない。

　これらの情報を把握するため、利用者にアンケートを採る方法もある。これにより、自分達では気が付かない課題を把握し、それを改善することで、利用者の不満を解消するだけでなく、審査や受付を行う職員自身の負担を軽減することにも繋がるのである。

④ 現状把握の重要性

　このように、様々な形での現状把握を行うことで、より的確な業務改善を行うことが期待できる。業務改善の成否は現状把握にこそあり、これを丁寧に実施することは非常に重要であることに留意して欲しい。

3 業務改善

（1）業務改善の方法は多様

　現状分析の結果を元に、業務改善を実施していくことになる。業務改善に関しては既に本書で紹介されたように、様々な切り口での業務改善の可能性がある。IoT化、アウトソーシング、ファシリティマネジメント、決裁等を見直す細かなBPR……、これらの中からどのような業務改善を選択していくかは、ひとえに、それぞれの現場が置かれている状況に合わせて、ということになる。

　例えば、システム化で業務が効率化することが期待できても、システム導入費用が確保できなければシステムを導入することはできない。しかし、決裁や審査の回数や、やり方を見直す、帳票をExcel化する、あるいはそのExcelの帳票に簡単なチェック機能を設けて、記載漏れを減らす、等の対応

はお金を掛けずに実施することができる。したがって、与えられた条件の中でまずは業務改善を行っていくということが重要になる。

システム化のコラムで紹介したように、民間企業が提供するクラウドのサービスを活用すれば比較的安価に導入することが可能になるケースもある（ただし、使う行政機関側で業務のやり方をシステムに合わせる必要があるが）。あるいは、ひとまず自前でできる業務改善を実施しておき、予算の確保ができ次第システム化を進めていく、複数段階の展開も想定できる。

したがって、頭を柔軟にしてどのようにすれば与えられた条件の中で業務改善を実施することができるのか、よく考えていくことが大切になる。

（2）本事例の業務フローの場合

本項で紹介してきた図表15-1の業務フローに関しては、突っ込みどころ満載な課題の多いフローと言え、様々な業務改革が実施できる。

① 決裁の見直し

図表15-6を見ると、この業務フローでは三つの決裁が実施されていることが分かる。まず、出張命令書に対する決裁（決裁①）、それを受けて、出勤簿に反映すると共に出張命令簿に対しての決裁（決裁②）、さらに旅費を支出するための支出命令書に対しての決裁（決裁③）がそれに相当する。

しかし、本当にこれだけ決裁が必要だろうか？　例えば決裁①と②は一緒にすることができるはずである。そもそも、出張命令簿が必要なのか、という視点でもこの決裁はどちらか一方で十分なはずである。

また、決裁③の支出命令書に関しても、経理担当課（このケースでは部か局にある経理部門に回している）と会計（出納）部門へと担当課以外に2重にチェックが入っているが、これもどちらかで十分である。

② 出張命令書作成

次に活動基準原価計算（ABC）の結果を見てみると、出張命令書作成及び、交通機関、経路等調査にそれぞれ1回当たり30分の時間を要していることが分かる。フローでは出張者が出張命令書を作成し、庶務の担当者が交通機関、経路等調査を実施している。

まず、出張命令書だがこれを作成するのに30分は時間が掛かりすぎである。記載すべき最低限の項目を整理し直し様式から見直しを行うべきである。なお、紙で命令書を作成している場合にはExcel等の表計算ソフト、もしくは電子決裁システムに対応したものに直すことが望まれる。

図表15-6

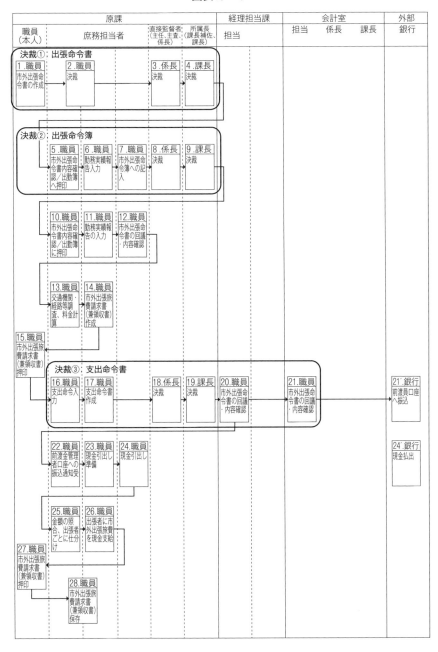

図表15-7

業務名	Act. No.	活動名	活動者	件数	標準作業時間(分)	総作業時間(分)	活動別人工	活動コスト
旅費支給	1	市外出張命令書の作成	職員	10000	30	300000	2.72	¥24,456,522
	2	決裁	職員	10000	5	50000	0.45	¥4,076,087
	3	決裁	係長	10000	5	50000	0.45	¥4,076,087
	4	決裁	課長	10000	5	50000	0.45	¥4,076,087
	5	市外出張命令書内容確認／出勤簿へ押印	職員	10000	2	20000	0.18	¥1,630,435
	6	勤務実績報告入力	職員	10000		0	0.00	¥0
	7	市外出張命令簿への記入	職員	10000	1	10000	0.09	¥815,217
	8	決裁	係長	10000	5	50000	0.45	¥4,076,087
	9	決裁	課長	10000	5	50000	0.45	¥4,076,087
	10	市外出張命令簿内容確認／出勤簿に押印	職員	10000	2	20000	0.18	¥1,630,435
	11	勤務実績報告の入力	職員	10000		0	0.00	¥0
	12	市外出張命令書の回議・内容確認	職員	10000	1	10000	0.09	¥815,217
	13	交通機関・経路等調査、料金計算	職員	10000	30	300000	2.72	¥24,456,522
	14	市外出張旅費請求書(兼領収書)作成	職員	10000	1	10000	0.09	¥815,217
	15	市外出張旅費請求書(兼領収書)押印	職員	10000	1	10000	0.09	¥815,217
	16	支出命令入力	職員	10000	2	20000	0.18	¥1,630,435
	17	支出命令書作成	職員	10000	1	10000	0.09	¥815,217
	18	決裁	係長	10000	5	50000	0.45	¥4,076,087
	19	決裁	課長	10000	5	50000	0.45	¥4,076,087
	20	市外出張命令書の回議・内容確認	職員	10000	5	17075	0.15	¥1,391,984
	21	市外出張命令書の回議・内容確認	職員	10000	5	17075	0.15	¥1,391,984
	22	前渡金管理者口座への振込通知受付	職員	10000		0	0.00	¥0
	23	現金引出し準備	職員	10000	10	34151	0.31	¥2,784,049
	24	現金引出し	職員	10000	5	50000	0.45	¥4,076,087
	25	金額の照合、出張者ごとに仕分け	職員	10000	15	51226	0.46	¥4,176,033
	26	出張者に市外出張旅費を現金支給	職員	10000	10	34151	0.31	¥2,784,049
	27	市外出張旅費請求書(兼領収書)押印	職員	10000		0	0.00	¥0
	28	市外出張旅費請求書(兼領収書)保存	職員	10000	1	3415	0.03	¥278,397
		計		10000	−	1267093	11.48	¥103,295,625

③ 交通機関、経路等調査の改善

次に交通機関、経路等調査だが、これは旅行代理店にアウトソーシングしてしまう方法と、旅行代理店が提供しているクラウド型のシステムを活用してパックツアー等を職員が自分で組む方法が考えられる。

筆者は仕事柄地方出張も多く、出張族を自負しており、また政府での勤務経験もあるため、この辺りの事情は十分に承知しているつもりだが、行政機

関の出張の場合、政府も自治体も旅費法の「合理的で経済的な」経路の選定が求められる。しかし、往訪する時間や中間のルート（複数個所廻る場合）、パックツアーの利用の有無により、大きく異なりどれが本当の意味で「合理的で経済的な」ルートなのか分からないことが度々生じることになる。

　九州のある自治体で業務改善のヒアリングを行っていたところ、JR九州では2枚切符という往復で購入するとほぼ片道分の料金で購入することができる割引特急券が存在し（2018年現在）、出張の際それを利用しないと差し戻される（原則2枚切符利用分の旅費しか支給されない）、という話を聞いたことがあるが、ある程度出張や旅行に慣れた職員でないとそれを使う発想に思い至らないことすらある。

　閑話休題、これらの問題を解消するため、既にいくつかの自治体等では旅行代理店にルート選定、切符やパックツアーの手配、それらでサポートしきれないバス代やタクシー代等の支給を包括的に委託している。この場合、慣れない職員がルート選定等を実施せずとも、旅行代理店が最適なルートを手配してくれ、大幅に業務が軽減する。また、それだけではなく、旅行代理店が自らの持つ様々な商材から最適な切符、パックツアー等を提供するため、職員が個別に手配するよりも大幅に旅費が下がるという効果もあったという。

　また旅行代理店が提供する、クラウド型のシステムを利用する場合は、委託に比べ職員が自発的に行わなければならない作業が残ってしまうものの、現状の業務の実施方法に比べれば業務は効率化され、また旅行代理店の提供する割安な切符などが活用できるというメリットは享受できる。

　なお、コラムでも記載したように、出張のルート選定や切符の手配、精算等は行政機関だけでなく、民間企業でも広く行われている業務であり、解決するためのソリューションも数多く提供されている。これらを活用することで、大幅に割安に導入することが可能だが、留意すべきは既存の行政機関の処理方法に拘りすぎず、システムや旅行代理店が提供するサービスにできるだけ処理方法自体を合わせていくことが重要である。

　とかく行政機関においては、自分達の仕事のやり方にシステムを合わせたがる傾向があるが、コスト的には割高であり、効率性もなかなか向上しない。民間向けのソリューションを活用する場合にはぜひ留意して欲しい点である。

④　その他
　この業務フローでは旅費を現金で支給している。今ではだいぶ減ったと思

いたいところだが、課の資金前渡職員が銀行からお金を下ろし、職員に渡すというのはあまりにも非効率なのでぜひ銀行振込での支給をお願いしたい。

この他、出勤簿の電子化（ネットワークに繋がったタイムカードで自動反映等）なども行えると、より業務が効率化すると考えられるが、旅費だけの業務改善では納まらなくなってしまう部分もあるため、まずは旅費だけの業務改善だけで済む部分から着手し、徐々に他の内部管理業務に展開していく、という方法もある。逆に総務・庶務系の業務を包括的に見直し、IT化とアウトソーシングで総合的に効率化する総務事務センター（自治体版シェアードサービス）という方法も大阪府や愛知県等で導入された例があり[1]、より大きく展開する方法もあると言える。

まとめ

以上、遠距離出張に行く際の、出張命令書への決裁から出張者に出張旅費を支給するまでの流れをモチーフに、業務フローや活動基準原価計算（ABC）等による現状把握と、その結果に基づく業務改善のイメージを整理してきた。

筆者の感覚としては、業務フローや活動基準原価計算等、目に見える形で業務を把握すると、何らかの改善すべきポイントが見えてくると考えている。なぜ決裁が三重に実施されているのか、なぜ出張命令書の作成に30分もかかるのか、といった素朴な疑問から業務改善の糸口を摑むことができるはずである。

また改善の手法も出張命令書の項目を削ったり、決裁を統合するような比較的平易なものから、システムの導入やアウトソーシングまで、改善のバリエーションは幅広い。したがって、繰り返しになるが、ぜひ現場で働く皆さんの問題意識と柔軟な発想力で業務改善の検討を進めてもらえればと思う。

1　これらについては拙著 「行政アウトソーシング新事例第8回～12回」（ぎょうせい『地方財務』2007年12月～2008年4月号）に詳しい。

最後に

　ここまで、お読みいただき、どのような感想を持っていただけたでしょうか？「これなら、自分達でもできそうだな」と思えたでしょうか？　それとも「こんな難しいことはできない」、あるいは逆に、「自分達ならもっとすごい業務改善ができる」と思われたでしょうか？

　本書で何度も記してきたように、業務改善の方法は千差万別です。どんな制約下であっても必ず、実現可能な業務改善の方法は存在します。ぜひ前向きにご検討いただき、自分自身の、そして自分の後に配属される後輩達の業務軽減のため、工夫を凝らしていただければと思います。

　なお、業務改善はそれなりに手間隙が掛かります。現状把握はもとより、実際に改善を行うとなれば様々な調整が必要となります。例えば、第15章の旅費の業務改善では決裁の見直しを提案していますが、実際に行うためには予算は不要でも、手続きを所管する出納部門との協議等は必要になります。システムを導入するとなれば情報システム部門と協議の上、予算要求をする必要もあります。

　職員減少時代において業務負荷がかつてないほどかかっている現場の職員の皆さんは「業務改善が必要なのは分かっているが時間がない」「どうせ、業務改善を行っても楽になるのは次の担当者から」ということで、自分の在任期間中では改善に着手しないという思考に陥ってしまうことも少なくありません。

　しかし、それで本当によいのでしょうか？　冒頭にも記したように、職員は減少、少なくとも今後も劇的に増えることはなくせいぜい横ばいというところでしょう。一方で、非常勤職員のなり手は減少し、働き方改革で残業もできなくなる……。かと言って、行政機関の仕事は今後も減らず、いや増すばかりでしょう。そんな状況下では、行政機関のすべての部署で業務改善を行い、来たるより厳しい業務環境に今から備えていく必要があります。

　その意味で、首長や組織の幹部の皆さんには、ぜひこの問題意識を強く持っていただき、業務改善を進める旗を振るとともに、実際に業務改善を行い苦労する職員をサポートし、その労をねぎらっていただければと思います。そうすれば、徐々に改善の機運は高まっていくことでしょう。それを期待しています。

そして、本書をお読みいただいた皆さんが、何かを感じ、また参考になる部分があり、そして具体的な改善に繋がる何かがあれば、編著者として、これに勝る喜びはありません。一つでも多くの業務改善が行われ、それにより現場の皆さんの負担が下がることを祈念し、筆を置きたいと思います。

　最後に、本書の執筆に当たっては、現場で実際に業務改善を行い苦労した職員や、それをサポートするコンサルタント等による共同執筆の形で進めてきました。これは、行政の現場で苦労した生の声こそが読者の皆さんに最も参考になると考えたからです。執筆者各位には本業の傍らお忙しいところ執筆いただき、貴重な事例をご提供いただいたことに心から感謝いたします。
　また、編集の川原正信さんには、「既に手垢が付いたように見える」本書の企画を通すところから尽力いただき、また、恩知らずにも筆が遅れがちな筆者を叱咤し、出版まで導いていただいたことに最大級の感謝を申し上げます。

　平成最後の春に来たる「令和」時代に思いを馳せて。

小島卓弥

――執筆者プロフィール

●代表編著者

小島　卓弥（こじま　たくや）（序章、第2・6・9・13〜15章、最後に、コラム）

株式会社NTTデータ経営研究所　社会システムデザインユニット　シニアマネージャー

1977年静岡県生まれ。2000年成蹊大学法学部・政治学科卒業、2002年中央大学大学院総合政策研究科博士前期課程修了。2001年大学院在学中にアドバンストビジネスマネジメント（現ABM）入社。2005年ウッドランド（株）コンサルティング事業部チーフコンサルタント、以降フューチャーアーキテクト株式会社経営企画室等を経て、2010年6月より総務省入省　行政評価局企画課専門官。2015年6月よりEY（Ernst & Young）アドバイザリー株式会社マネージャー、2017年9月より現職。

また、本業の傍ら2016年12月より日本評価学会理事（研修委員会、上級評価士認定小委員会担当）、2018年10月より参議院・行政監視委員会調査室　客員調査員等も担当している（2019年1月現在）。

行財政改革・行政経営改革を専門とし、本書の主題である行政機関への業務改革をはじめ、政策評価・行政評価の導入・高度化、各種施策の効果測定、公共施設改革等に行政機関の内外から取り組んできた。

主な書籍・論文に『ここまでできる　実践　公共ファシリティマネジメント』（学陽書房、2014年、編著者）、『自治体　予算要求の実務』（学陽書房、2016年、共著）、『自治体の外部評価』（学陽書房、2010年）、「地方公共団体におけるノウハウの蓄積・継承強化の必要性〜行政版ナレッジマネジメントの可能性」『季刊行政管理研究149号』（行政管理研究センター、2015年）をはじめ数多くの書籍・論文がある。

●著者

柴沼　雄一朗（しばぬま　ゆういちろう）（第1章）

総務省行政管理局管理官（業務・システム改革担当）、統計委員会担当室　次長
1995年京都大学法学部卒。1995年旧総務庁採用。国家公務員の人事評価制度の立ち上げ・見直し、政策評価制度の見直し、統計業務の適切な民間委託の検討等に携わった後、内閣人事局企画官、復興庁参事官を経て現職。

定野　司（さだの　つかさ）（第3章。共著）

東京都足立区　教育長
1979年、足立区に入区。2012年、自治体業務のアウトソーシングを検討する「日本公共サービス研究会」の設立に携わるなど、持続可能な自治体運営に取り組む。2015年4月から現職。共同執筆者と執筆箇所は次のとおり。足立区政策経営部政策経営課政策経営担当係長・佐藤雅憲（足立区における業務改革、日本公共サービス研究会の活動）、戸籍住民課長・薄井正徳（戸籍等窓口業務の委託）、国民健康保険課長・加藤鉄也（国保業務の委託）、会計管理室長・登川俊彦（会計管理業務の委託）、定野司（進化する自治体をめざして）、福祉部長・中村明慶（総括）。

清水　雅典（しみず　まさのり）（第4章）

会計検査院第2局厚生労働検査第1課　副長
2003年中央大学法学部卒、2005年同大学院総合政策研究科博士前期課程修了。同年会計検査院奉職、参議院決算委員会調査室調査員、岩手県出納局会計指導監などを経て現在に至る。主要論文に「政府のIT調達における課題等について」（『立法と調査』第333号、参議院、2012年）、「国及び地方自治体における不適正経理と再発防止への取組」（『立法と調査』第342号、参議院、2013年）などがある。

武元　清一（たけもと　せいいち）（第5章）

那覇市企画財務部企画調整課経営戦略室　室長
1971年鹿児島県生まれ。1996年琉球大学大学院教育学研究科修了。1998年、那覇市教育委員会に入所。生涯学習部門、企画・行政経営部門ののち、国保部門、健康プロモーション部門、保育施策部門を経て、2017年からは新設された企画財務部企画調整課経営戦略室の室長（現職）。主な論文に、第4次那覇市総合計画の策定過程における知見を次期策定に申し送った「総合計画策定における市民会議方式の意義と課題」（『年報自治体学第22号』、第一法規、2009年）。

八上　俊宏（やかみ　としひろ）（第7章）

コクヨ株式会社　TCM事業部官公庁ソリューション部　チーフコンサルタント

1989年関西学院大学社会学部社会学科卒業後、コクヨ株式会社に入社。
民間企業のオフィス空間構築に携わった後、2003年より市町村合併プロジェクトに異動。ファシリティマネジメントの手法を活用して合併自治体における庁舎の統合移転コンサルティングを手掛けたことを契機に、全国の自治体で新庁舎建設時のオフィス環境整備や窓口環境改善を担っている。主な著作に「自治体新庁舎計画における総合窓口の導入について」（『公共建築ニュース』公共建築協会、2010年）、『公共施設が劇的に変わるファシリティマネジメント』（学陽書房、2012年、共著）、『ここまでできる！実践ファシリティマネジメント』（学陽書房、2014年、共著）がある。『公共施設が劇的に変わるファシリティマネジメント』の執筆により第8回ファシリティマネジメント大賞奨励賞を共同受賞。

伊藤　耕平（いとう　こうへい）（第8章）

経済産業省大臣官房秘書課　主任

1982年東京生まれ。2006年中央大学法学部卒業、同年経済産業省に入省。貿易経済協力局、中小企業庁、地域経済再生に関する大臣特命プロジェクトチーム（農商工等連携促進法／立案）、中部経済産業局、通商政策局、商務流通保安グループ、山形県寒河江市（地方創生人材支援制度／旧称：日本版シティマネージャー）を経て現在に至る。

鶴田　彬（つるた　あきら）（第9章。共著）

株式会社NTTデータ経営研究所　シニアコンサルタント

2010年名古屋大学教育学部人間発達科学科卒業。法務省を経て、2018年にNTTデータ経営研究所に入社し、現在に至る。
NTTデータ経営研究所では、主に中央官庁の政策立案支援に従事している。

山崎　和行（やまざき　かずゆき）（第10章）

株式会社NTTデータ経営研究所　情報未来イノベーション本部　ニューロイノベーションユニット　マネージャー

2012年東京農工大学大学院工学府生命工学専攻修了（工学修士）。フューチャーアーキテクト株式会社を経て、2014年より現職。行政業務への人工知能（AI）技術導入検討、民間企業におけるAI技術を用いた新規事業開発支援等に従事。AI技術以外にも脳科学、IoT、ロボット・エージェント等の先端技術を活用した各種コンサルティングも手掛ける。

中川　拓也（なかがわ　たくや）（第11章）

株式会社NTTデータ　社会基盤ソリューション事業本部　ソーシャルイノベーション事業部　デジタルソリューション統括部　RPAソリューション担当　課長
https://winactor.com

2001年東北大学経済学部を卒業し、株式会社NTTデータ入社。2009年公共分野が自社プロジェクト限定で利用してきたOCRエンジン（日本初の手書きOCRと言われている）をコアに、新商品「Prexifort-OCR」を企画・商品化し、金融・法人・グローバル分野へ、OCRによる業務自動化ビジネスを展開。2014年RPAの可能性に着目し、OCRと組み合わせてRPAツールWinActorの提供を開始。2019年現在2,000社へのRPAやAIOCR提供実績を素材として執筆や講演中心に活動。
日本経済新聞社ムック『RPA　ホワイトカラー革命』を監修。
『2017年版JISA情報サービス産業白書』や、日経BPムック『まるわかり！RPA』、ITpro『ゼロから分かるRPA』、『RPA総覧』、『行政＆情報システム』、「RPA BANK」、「イマ旬2.0」などでRPAについて解説。

小豆川　裕子（しょうずがわ　ゆうこ）（第12章）

常葉大学経営学部　准教授
ニッセイ基礎研究所、NTTデータ、NTTデータ経営研究所等を経て現職。
1990年代後半よりテレワークをはじめとするワークスタイル＆ワークプレイス分野の実証及び政策研究等に従事。博士（学術、東京大学）。日本テレワーク学会副会長、総務省、国土交通省、厚生労働省委員、テレワーク月間実行委員会副委員長、富士市中小企業等振興会議会長を兼務。現在静岡県富士市在住。

兼子　佑樹（かねこ　ゆうき）（第13章。共著）

株式会社NTTデータ経営研究所　コンサルタント
1994年生まれ。2018年、京都大学法学部卒業後、同社に入社。

働き方改革時代の行政の業務改革戦略
──職員減、働き方改革に対応したAI、RPA、IoTなど進化するBPR！

2019年6月19日　初版発行

編著者	小島卓弥（こじまたくや）
発行者	佐久間重嘉
発行所	学　陽　書　房

〒102-0072　東京都千代田区飯田橋1-9-3
営業部／電話 03-3261-1111　FAX 03-5211-3300
編集部／電話 03-3261-1112
振替　00170-4-84240
http://www.gakuyo.co.jp/

ブックデザイン／佐藤　博
DTP制作・印刷／精文堂印刷
製本／東京美術紙工

©Takuya Kojima 2019, Printed in Japan
ISBN 978-4-313-12122-5 C2033
乱丁・落丁本は、送料小社負担にてお取り替えいたします。

JCOPY 〈出版者著作権管理機構　委託出版物〉
本書の無断複製は著作権法上での例外を除き禁じられています。複製される場合は、そのつど事前に出版者著作権管理機構（電話03-5244-5088、FAX03-5244-5089、e-mail: info@jcopy.or.jp）の許諾を得てください。

◎好評既刊◎

予算の見積もりから予算要求、査定まで実際の予算要求の現場を念頭においた実践の書！

◎自治体の予算の生の姿について、査定する側ではなく、要求する側から、制度の詳細を明らかにします。

◎すべての政策のスタートは予算要求にあると言っても過言ではありません。本書では、予算要求をするにあたっての考え方や要求の作り方を解説し、よりよい政策が決定される手助けになることを目的に発刊します。

自治体　予算要求の実務
―― 実践から新たな仕組みづくりまで
吉田 博・小島卓弥［著］
A5判ソフトカバー／定価　本体2,500円＋税